Italienische Genussreise

Die Kunst der Kulinarischen Verführung

Marco Bianchi

INHALTSVERZEICHNIS

Gefüllter Reis-Timbale 9

Reis und Bohnen nach venezianischer Art 16

Sardischer Wurstreis 18

Polenta 20

Polenta mit Sahne 22

Polenta mit Ragù 23

Polenta Crostini, drei Arten 24

Polenta-Sandwiches 27

Polenta mit drei Käsesorten 29

Polenta mit Gorgonzola und Mascarpone 31

Pilzpolenta 33

Buchweizen- und Maismehl-Polenta 35

Gebackene Polenta mit Käse 37

Gebackene Polenta mit Wurstragout 39

Polenta „in Ketten" 41

Farro-Salat 43

Farro, Amatrice-Stil 46

Farro, Tomaten und Käse 48

Garnelen- und Gersten-Orzotto 50

Gersten- und Gemüse-Orzotto 52

Schinken und Eier 54

Gebackener Spargel mit Eiern 57

Eier im Fegefeuer 59

Eier in Tomatensauce nach Markenart 61

Eier nach piemontesischer Art 63

eggs Florentine 65

Gebackene Eier mit Kartoffeln und Käse 67

Paprika und Eier 69

Kartoffeln und Eier 71

Rührei mit Pilzen und Eiern 74

Zwiebel-Rucola-Frittata 76

Zucchini-Basilikum-Frittata 79

Hundert-Kräuter-Frittata 81

Spinat-Frittata 83

Pilze und Fontina Frittata 86

Neapolitanische Spaghetti Frittata 88

Pasta-Frittata 90

Kleine Omeletts 92

Ricotta- und Zucchiniblüten-Frittata 94

Omelettstreifen in Tomatensauce 96

Wolfsbarsch mit Olivenkrumen 99

Wolfsbarsch mit Pilzen 101

Steinbuttfilets mit Olivenpaste und Tomaten 103

Gegrillter Kabeljau 104

Fisch im „verrückten Wasser" 107

Bluefish mit Zitrone und Minze 109

Gefüllte Sohle 111

Seezungenröllchen mit Basilikum und Mandeln 113

Marinierter Thunfisch nach sizilianischer Art 115

Aufgespießter Thunfisch mit Orange 117

Gegrillter Thunfisch und Paprika nach Molise-Art 119

Gegrillter Thunfisch mit Zitrone und Oregano 121

Knusprig gegrillte Thunfischsteaks 123

Gebratener Thunfisch mit Rucola-Pesto 125

Thunfisch-Cannellini-Bohneneintopf 127

Sizilianischer Schwertfisch mit Zwiebeln 129

Schwertfisch mit Artischocken und Zwiebeln 131

Schwertfisch nach Messina-Art 133

Schwertfischrollen 135

Gebratener Steinbutt mit Gemüse 137

Gebratener Wolfsbarsch mit Knoblauchgrün 139

Scrod mit würziger Tomatensauce 141

Lachs-Carpaccio 143

Lachssteaks mit Wacholderbeeren und roten Zwiebeln 145

Lachs mit Frühlingsgemüse 147

Fischsteaks in grüner Soße 149

In Papier gebackener Heilbutt 151

Gebackener Fisch mit Oliven und Kartoffeln 153

Zitrusroter Schnapper 155

Fisch in einer Salzkruste 157

Gebratener Fisch in Weißwein und Zitrone 159

Forelle mit Prosciutto und Salbei 161

Gebackene Sardinen mit Rosmarin 163

Sardinen, venezianische Art 165

Gefüllte Sardinen nach sizilianischer Art 167

Gegrillte Sardinen 169

Gebratener gesalzener Kabeljau 171

Stockfisch nach Pizza-Art 173

Gesalzener Kabeljau mit Kartoffeln 175

Garnelen und Bohnen 177

Garnelen in Knoblauchsauce 180

Garnelen mit Tomaten, Kapern und Zitrone 182

Garnelen in Sardellensauce 184

Gebratene Garnelen 187

Im Teig frittierte Garnelen und Calamari 189

Gegrillte Garnelenspieße 191

„Bruder Teufel" Hummer 193

Gebackener gefüllter Hummer 196

Jakobsmuscheln mit Knoblauch und Petersilie 199

Gegrillte Jakobsmuscheln und Garnelen 201

Muscheln und Miesmuscheln Posillipo 203

Gebackene gefüllte Muscheln 206

Muscheln mit schwarzem Pfeffer 209

Muscheln mit Knoblauch und Weißwein 211

Sardische Muscheln mit Safran 213

Kaninchen mit Tomaten 215

Süß-sauer geschmortes Kaninchen 217

Gebratenes Kaninchen mit Kartoffeln 220

Gefüllter Reis-Timbale

Sartù di Riso

Ergibt 8 bis 10 Portionen

Reis ist in der neapolitanischen Küche keine alltägliche Zutat, aber dieses Gericht ist einer der Klassiker dieser Gegend. Es wird angenommen, dass es seine Wurzeln in den aristokratischen Küchen hat, die von in Frankreich ausgebildeten Köchen geführt wurden, als Neapel die Hauptstadt des Königreichs beider Sizilien war.

Heutzutage wird es für besondere Anlässe hergestellt und ich habe sogar moderne Versionen gegessen, die in Formen in individueller Größe hergestellt wurden.

Dies ist ein spektakuläres Gericht, das sich ideal für eine Party eignet. Die kleinen Fleischbällchen und andere Zutaten der Füllung fallen beim Schneiden aus dem riesigen Reiskuchen. Die Herstellung ist nicht schwierig, aber es sind mehrere Schritte erforderlich. Sie können die Soße und die Füllung bis zu 3 Tage vor der Zubereitung des Gerichts zubereiten.

Soße

1 Unze getrocknete Steinpilze

2 Tassen warmes Wasser

1 mittelgroße Zwiebel, gehackt

2 Esslöffel Olivenöl

1 (28-Unzen) Dose importierte italienische geschälte Tomaten, durch eine Lebensmittelmühle geleitet

Salz und frisch gemahlener schwarzer Pfeffer

Fleischbällchen und Würstchen

2 bis 3 Scheiben italienisches Brot, in Stücke gerissen (ca. 1/2 Tasse)

1/4 Tasse Milch

8 Unzen Hackfleisch

1/4 Tasse frisch geriebener Parmigiano-Reggiano

1 Knoblauchzehe, fein gehackt

2 Esslöffel gehackte frische glatte Petersilie, plus etwas mehr zum Garnieren

1 großes Ei

Salz und frisch gemahlener schwarzer Pfeffer

2 Esslöffel Olivenöl

2 süße italienische Würstchen

Montage

8 Unzen frischer Mozzarella, gehackt

1 Tasse frische oder gefrorene Erbsen

2 Tassen mittelkörniger Reis, wie Arborio, Carnaroli oder Vialone Nano

Salz

1 Tasse frisch geriebener Parmigiano-Reggiano

Frisch gemahlener schwarzer Pfeffer

2 Esslöffel ungesalzene Butter

6 Esslöffel einfache, trockene Semmelbrösel

Zum Garnieren gehackte frische glatte Petersilie

1. Bereiten Sie die Soße zu: In einer mittelgroßen Schüssel die Pilze 30 Minuten lang im Wasser einweichen. Heben Sie die Pilze aus der Einweichflüssigkeit. Die Flüssigkeit durch einen Papierkaffeefilter oder ein angefeuchtetes Käsetuch in eine saubere Schüssel abseihen und beiseite stellen. Spülen Sie die Pilze unter fließendem Wasser ab und achten Sie dabei besonders auf den Boden, an dem sich Erde ansammelt. Die Pilze fein hacken.

2. Geben Sie die Zwiebel und das Öl bei mittlerer Hitze in einen breiten, schweren Topf. Unter gelegentlichem Rühren kochen, bis die Zwiebel zart und goldbraun ist, etwa 10 Minuten. Die gehackten Pilze unterrühren. Die Tomaten und die zurückbehaltene Pilzflüssigkeit hinzufügen. Mit Salz und Pfeffer abschmecken. Zum Kochen bringen. Bei schwacher Hitze unter gelegentlichem Rühren etwa 30 Minuten kochen, bis die Masse eingedickt ist.

3. Bereiten Sie die Fleischbällchen vor: In einer mittelgroßen Schüssel das Brot 5 Minuten lang in der Milch einweichen und ausdrücken. In derselben Schüssel Brot, Kalbfleisch, Käse, Knoblauch, Petersilie, Ei sowie Salz und Pfeffer nach Geschmack vermengen. Gut mischen. Aus der Mischung 2,5 cm große Fleischbällchen formen.

4. In einer großen Pfanne das Öl bei mittlerer Hitze erhitzen. Fügen Sie die Fleischbällchen hinzu und kochen Sie sie unter Wenden mit einer Zange, bis sie von allen Seiten gebräunt sind. Mit einem Schaumlöffel die Fleischbällchen auf einen Teller geben. Gießen Sie das Öl ab und wischen Sie die Pfanne vorsichtig mit Papiertüchern aus.

5. In derselben Pfanne die Würstchen und so viel Wasser vermischen, dass sie zur Hälfte bedeckt sind. Abdecken und bei mittlerer bis niedriger Hitze kochen, bis das Wasser verdunstet ist und die Würste anfangen zu bräunen. Decken Sie die Würste ab und kochen Sie sie unter gelegentlichem Wenden etwa 10 Minuten lang, bis sie gar sind. Die Würstchen in Scheiben schneiden.

6. In einer mittelgroßen Schüssel die Fleischbällchen, Wurstscheiben, Mozzarella und Erbsen vorsichtig mit 2 Tassen Tomaten-Pilz-Sauce verrühren und beiseite stellen.

7. In einem großen Topf die restliche Sauce mit 4 Tassen Wasser vermischen. Bringen Sie die Mischung zum Kochen. Den Reis und 1 Teelöffel Salz hinzufügen. Bringen Sie die Flüssigkeit wieder zum Kochen und rühren Sie ein- bis zweimal um. Abdecken und bei schwacher Hitze etwa 15 Minuten kochen, bis der Reis kaum noch zart ist.

8. Den Topf vom Herd nehmen. Den Reis etwas abkühlen lassen. Den Parmigiano unterrühren. Mit Salz und Pfeffer abschmecken.

9. Die Innenseite einer tiefen 2,5-Liter-Auflaufform oder ofenfesten Schüssel mit Butter bestreichen. Mit 4 EL Semmelbröseln bestreuen. Geben Sie etwa zwei Drittel des Reises in die vorbereitete Auflaufform und drücken Sie ihn gegen den Boden und die Seiten, sodass eine „Reisschale" entsteht. Die Fleischbällchen-Wurst-Mischung in die Mitte geben. Mit dem restlichen Reis bedecken und gleichmäßig verteilen. Die Oberseite mit den restlichen Krümeln bestreuen. (Wenn Sie die Timbale nicht sofort zubereiten, decken Sie sie ab und stellen Sie sie in den Kühlschrank.)

10. Stellen Sie etwa 2 Stunden vor dem Servieren einen Rost in die Mitte des Ofens. Heizen Sie den Ofen auf 350 °F vor. Backen Sie die Timbale 1 1/2 Stunden oder bis die Oberfläche leicht gebräunt und die

Mischung in der Mitte heiß ist. (Die genaue Garzeit hängt von der Größe und Form des Auflaufs ab. Überprüfen Sie die Temperatur in der Mitte mit einem sofort ablesbaren Thermometer. Sie sollte mindestens 140 °F betragen.)

11. Halten Sie ein Kühlregal bereit. Lassen Sie die Timbale 10 Minuten auf dem Rost abkühlen. Führen Sie ein Messer oder einen Metallspatel um den Innenrand der Auflaufform. Legen Sie eine große Platte über den Auflauf. Halten Sie die Schüssel (mit einem Topflappen) fest gegen die Platte und drehen Sie beide um, um die Timbale auf die Platte zu übertragen. Mit Petersilie bestreuen. Zum Servieren in Spalten schneiden. Heiß servieren.

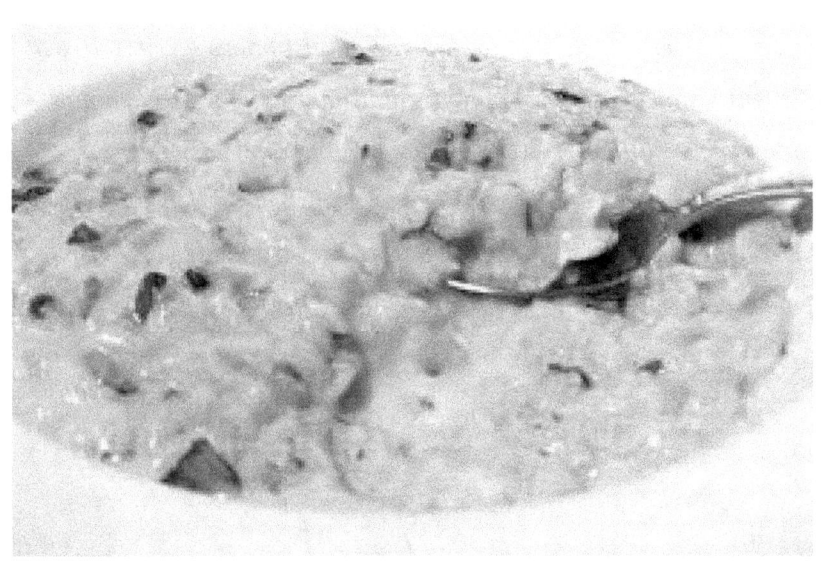

Reis und Bohnen nach venezianischer Art

Riso und Fagioli alla Veneta

Ergibt 4 Portionen

Im Sommer werden Reis und Bohnen warm und nicht heiß serviert. In der Region Venetien sind Cranberrybohnen, auf Italienisch Borlotti genannt, die beliebteste Sorte. Ungekochte Cranberrybohnen sind rosa mit cremefarbenen Markierungen. Beim Kochen verfärben sie sich einfarbig rosa-beige. Sie sehen Pintobohnen sehr ähnlich und können bei Bedarf durch andere ersetzt werden.

Ungefähr 2 Tassen hausgemacht<u>Fleischbrühe</u>oder im Laden gekaufte Rinderbrühe

3 Esslöffel Öl

1 kleine Zwiebel, fein gehackt

1 mittelgroße Karotte, fein gehackt

1 mittelgroße Sellerierippe, fein gehackt

1/2 Tasse fein gehackter Pancetta

2 Tassen gekochte getrocknete Cranberry- oder Pintobohnen oder 1 (16 Unzen) Dose Bohnen mit ihrer Flüssigkeit

1 Tasse mittelkörniger Reis, wie Arborio, Carnaroli oder Vialone Nano

Salz und frisch gemahlener schwarzer Pfeffer

1. Bereiten Sie bei Bedarf die Brühe vor. Dann in einem breiten, schweren Topf bei mittlerer Hitze das Öl mit der Zwiebel, der Karotte, dem Sellerie und dem Pancetta erhitzen. Unter gelegentlichem Rühren ca. 20 Minuten kochen, bis das Gemüse goldbraun ist.

2. Die Bohnen und 1 Tasse kaltes Wasser hinzufügen. Zum Kochen bringen und 20 Minuten kochen lassen.

3. Etwa ein Drittel der Bohnenmischung beiseite stellen. Den Rest in einer Küchenmaschine oder Küchenmühle pürieren, bis eine glatte Masse entsteht. Gießen Sie das Bohnenpüree und 1 Tasse Brühe in einen großen, breiten Topf. Bei mittlerer Hitze zum Kochen bringen. Unter gelegentlichem Rühren 5 Minuten kochen lassen.

4. Den Reis in die Pfanne geben und mit Salz und Pfeffer abschmecken. 20 Minuten kochen lassen, dabei häufig umrühren, damit die Bohnen nicht am Boden der Pfanne kleben bleiben. Geben Sie nach und nach etwas von der restlichen Brühe hinzu, bis der Reis zart, aber noch fest ist. Die beiseite gestellte Bohnenmischung einrühren und den Herd ausschalten.

5. 5 Minuten ruhen lassen. Heiß servieren.

Sardischer Wurstreis

Riso alla Sarda

Ergibt 6 Portionen

Dieses traditionelle Reisgericht aus Sardinien ähnelt eher einem Pilaw als einem Risotto und erfordert nicht viel Rühren.

Ungefähr 3 Tassen<u>Fleischbrühe</u>

1 mittelgroße Zwiebel, gehackt

2 Esslöffel gehackte frische glatte Petersilie

2 Esslöffel Olivenöl

12 Unzen einfache italienische Schweinswurst, Hüllen entfernt

1 Tasse geschälte, entkernte und gehackte Tomaten

Salz und frisch gemahlener schwarzer Pfeffer

1 1/2 Tassen mittelkörniger Reis, wie Arborio, Carnaroli oder Vialone Nano

1/2 Tasse frisch geriebener Pecorino Romano oder Parmigiano-Reggiano

1. Bereiten Sie bei Bedarf die Brühe vor. Dann in einem breiten, schweren Topf bei mittlerer Hitze die Zwiebel und die Petersilie im Öl anbraten, bis die Zwiebel weich ist (ca. 5 Minuten). Fügen Sie das

Wurstfleisch hinzu und kochen Sie es unter häufigem Rühren etwa 15 Minuten lang, bis die Wurst leicht gebräunt ist.

2. Die Tomaten unterrühren und mit Salz und Pfeffer abschmecken. Die Brühe hinzufügen und zum Kochen bringen. Den Reis einrühren. Abdecken und 10 Minuten kochen lassen. Überprüfen Sie, ob die Mischung zu trocken ist. Bei Bedarf mehr Brühe oder Wasser hinzufügen. Abdecken und weitere 8 Minuten kochen, bis der Reis weich ist.

3. Nehmen Sie die Pfanne vom Herd. Käse unterrühren. Sofort servieren.

Polenta

Ergibt 4 Portionen

Die traditionelle Art, Polenta zuzubereiten, besteht darin, das trockene Maismehl langsam in einem feinen Strahl durch die Finger einer Hand in einen Topf mit kochendem Wasser zu gießen und dabei mit der anderen Hand ständig umzurühren. Um dies richtig zu machen, braucht man viel Geduld; Wenn Sie zu schnell gehen, bildet das Maismehl Klumpen. Währenddessen brennt Ihre Hand, weil Sie sie über die köchelnde Flüssigkeit halten.

Ich bevorzuge die unten beschriebene Methode zum Kochen von Polenta, weil sie schnell und kinderleicht ist. Das Beste ist, dass ich diese Methode parallel zur herkömmlichen Methode ausprobiert habe und im Endergebnis keinen Unterschied feststellen kann. Da das Maismehl zunächst mit kaltem Wasser vermischt wird, bilden sich keine Klumpen, die leicht entstehen können, wenn das Trockenmehl direkt in das heiße Wasser gegossen wird.

Verwenden Sie unbedingt einen Topf mit schwerem Boden, da die Polenta sonst anbrennen kann. Sie können den Topf auch auf einen Flametamer stellen – eine Metallscheibe, die über einen Herdbrenner passt, um den Topf zusätzlich zu isolieren und die Hitze zu kontrollieren. (Suchen Sie in Küchenfachgeschäften danach.)

Sie können die Basispolenta variieren, indem Sie sie mit Brühe kochen oder Milch anstelle eines Teils des Wassers verwenden. Am Ende der Garzeit nach Belieben etwas geriebenen Käse unterrühren.

4 Tassen kaltes Wasser

1 Tasse grob gemahlenes gelbes Maismehl, vorzugsweise steingemahlen

2 Teelöffel Salz

2 Esslöffel ungesalzene Butter

1. In einem 2-Liter-Topf 3 Tassen Wasser zum Kochen bringen.

2. In der Zwischenzeit in einer kleinen Schüssel Maismehl, Salz und die restliche Tasse Wasser verrühren.

3. Gießen Sie die Mischung in das kochende Wasser und kochen Sie sie unter Rühren, bis die Mischung zum Kochen kommt. Reduzieren Sie die Hitze auf eine niedrige Stufe, decken Sie das Ganze ab und kochen Sie es unter gelegentlichem Rühren etwa 30 Minuten lang, bis die Polenta dick und cremig ist. Sollte die Polenta zu dick werden, noch etwas Wasser unterrühren.

4. Butter einrühren. Sofort servieren.

Polenta mit Sahne

Polenta alla Panna

Ergibt 4 Portionen

An einem kalten Wintertag in Mailand machte ich in einer belebten Trattoria Mittagspause. Die Speisekarte war begrenzt, aber dieses einfache, wohltuende Gericht war das Besondere des Tages. Wenn Sie einen frischen weißen oder schwarzen Trüffel haben, schneiden Sie ihn über die Mascarpone und entfernen Sie den Käse.

Um eine Servierschüssel oder -platte aufzuwärmen, stellen Sie sie für ein paar Minuten in einen warmen (nicht heißen!) Ofen oder lassen Sie heißes Wasser in der Spüle darüber laufen. Trocknen Sie die Schüssel oder Platte ab, bevor Sie das Essen hinzufügen.

1 Rezept (ca. 5 Tassen) heiß gekocht[Polenta](#)

1 Tasse Mascarpone oder Sahne

Stück Parmigiano-Reggiano

1. Bereiten Sie bei Bedarf die Polenta vor. Anschließend die heiße, gekochte Polenta auf eine vorgewärmte Servierplatte gießen.

2. Geben Sie die Mascarpone darüber oder gießen Sie die Sahne darüber. Mit einem Gemüseschäler mit schwenkbarer Klinge den Parmigiano darüber hobeln. Sofort servieren.

Polenta mit Ragù

Polenta al Ragù

Ergibt 4 Portionen

Früher hatten viele norditalienische Familien einen speziellen Kupfertopf namens Paiolo, in dem sie Polenta kochten, und ein rundes Brett, auf dem sie sie servierten. Dies ist ein köstliches Hausmannskost, und ganz einfach, wenn Sie das Ragù und die Polenta im Voraus zubereiten.

1 Rezept (ca. 3 Tassen)<u>Bolognese Sauce</u>

1 Rezept (ca. 5 Tassen) heiß gekocht<u>Polenta</u>

1/2 Tasse frisch geriebener Parmigiano-Reggiano

1. Den Ragù und bei Bedarf die Polenta vorbereiten.

2. Die Polenta auf eine vorgewärmte Platte gießen. Machen Sie eine flache Vertiefung in die Polenta. Die Soße darüberlöffeln. Mit dem Käse bestreuen und sofort servieren.

Polenta Crostini, drei Arten

Anstelle von Brot können auch knusprige Polentascheiben verwendet werdenCrostini). Servieren Sie sie mit einem leckeren Belag (siehe Vorschläge unten) als Vorspeise, als Beilage zu einem Eintopf oder als Basis für gegrilltes oder gebratenes Geflügel.

1 Rezept (ca. 5 Tassen) heiß gekochtPolenta

1. Bereiten Sie die Polenta vor. Sobald die Polenta gar ist, verteilen Sie sie mit einem Gummispatel etwa 1/2 Zoll dick auf einem großen Backblech. Vor der Verwendung abdecken und mindestens 1 Stunde und bis zu 3 Tage kalt stellen, bis es fest ist.

2. Wenn Sie zum Kochen bereit sind, schneiden Sie die Polenta mit einem Messer oder einem Plätzchen- oder Keksausstecher in Quadrate oder eine andere Form. Die Stücke können gebacken, gegrillt, gegrillt oder gebraten werden.

Gebackene Polenta-Crostini: Heizen Sie den Ofen auf 400 °F vor. Ein Backblech einölen und die Polentascheiben im Abstand von etwa 1/2 Zoll darauf verteilen. Die Oberseiten mit Öl bestreichen. 30 Minuten backen oder bis es knusprig und leicht golden ist.

Gegrillte oder gebratene Polenta-Crostini: Stellen Sie einen Grill oder Grillrost etwa 10 cm von der Wärmequelle entfernt auf. Heizen Sie den Grill oder Grill vor. Die Polentascheiben von beiden Seiten mit Olivenöl bestreichen. Legen Sie die Stücke auf das Gestell. Grillen oder grillen Sie es unter einmaligem Wenden etwa 5 Minuten lang, bis es knusprig und goldbraun ist. Drehen Sie die Stücke und grillen Sie die andere Seite noch etwa 5 Minuten.

Gebratene Polenta-Crostini: Bestreichen Sie eine beschichtete Pfanne ganz leicht mit einer dünnen Schicht Mais- oder Olivenöl. Erhitzen Sie die Pfanne bei mittlerer Hitze. Die Polentastücke trocken tupfen. Kochen Sie sie etwa 5 Minuten lang, bis sie goldbraun sind. Drehen Sie die Stücke und braten Sie sie noch etwa 5 Minuten lang, bis sie auf der anderen Seite gebräunt sind.

Polenta-Sandwiches

Panini di Polenta

Ergibt 8 Portionen

Diese kleinen Sandwiches können als Vorspeise oder als Beilage serviert werden. Für ein wenig Flair schneiden Sie die Polenta mit Plätzchen- oder Keksausstechern aus.

1 Rezept (ca. 5 Tassen) Polenta, ohne Butter hergestellt

4 Unzen Gorgonzola, in dünne Scheiben geschnitten

2 Esslöffel geschmolzene ungesalzene Butter

2 Esslöffel Parmigiano-Reggiano

1. Bereiten Sie die Polenta vor. Sobald die Polenta gar ist, verteilen Sie sie mit einem Gummispatel etwa 1/2 Zoll dick auf einem großen Backblech. Vor der Verwendung abdecken und mindestens 1 Stunde und bis zu 3 Tage kalt stellen, bis es fest ist.

2. Stellen Sie einen Rost in die Mitte des Ofens. Heizen Sie den Ofen auf 400 °F vor. Ein großes Backblech mit Butter bestreichen.

3. Die Polenta in 16 Quadrate schneiden. Die Hälfte der Polentascheiben auf das Backblech legen. Die Gorgonzolascheiben darauf legen. Mit der restlichen Polenta belegen und die Sandwiches leicht andrücken.

4. Die Oberseiten mit der Butter bestreichen. Mit dem Parmigiano bestreuen. 10 bis 15 Minuten backen oder bis der Käse gerade geschmolzen ist. Heiß servieren.

Polenta mit drei Käsesorten

Polenta mit Tre Formaggi

Ergibt 4 Portionen

Das Aostatal ist die Region im äußersten Nordwesten Italiens. Es ist berühmt für sein alpines Klima und seine schönen Skigebiete sowie für Milchprodukte wie Fontina Valle d'Aosta, einen halbfesten Kuhmilchkäse.

Milch verleiht dieser Polenta zusätzliche Würze. Butter tritt als Ehrenkäse ein.

2 Tassen kaltes Wasser

1 Tasse grob gemahlenes gelbes Maismehl, vorzugsweise steingemahlen

1 Teelöffel Salz

2 Tassen kalte Milch

1/2 Tasse Fontina Valle d'Aosta, gehackt

1/4 Tasse frisch geriebener Parmigiano-Reggiano

2 Esslöffel ungesalzene Butter

1. Bringen Sie das Wasser in einem 2-Liter-Topf zum Kochen.

2. In einer kleinen Schüssel Maismehl, Salz und Milch verrühren.

3. Gießen Sie die Maismehlmischung in das kochende Wasser und kochen Sie sie unter Rühren, bis die Mischung zum Kochen kommt. Reduzieren Sie die Hitze auf eine niedrige Stufe, decken Sie sie ab und kochen Sie sie unter gelegentlichem Rühren etwa 30 Minuten lang oder bis die Polenta dick und cremig ist. Sollte die Polenta zu dick werden, noch etwas Wasser unterrühren.

4. Nehmen Sie die Pfanne vom Herd. Den Käse und die Butter unterrühren, bis sie geschmolzen sind. Sofort servieren.

Polenta mit Gorgonzola und Mascarpone

Ergibt 4 bis 6 Portionen

Dieses himmlische und reichhaltige Rezept stammt aus der Lombardei, wo Gorgonzola und Mascarpone hergestellt werden.

4 Tassen kaltes Wasser

1 Tasse grob gemahlenes gelbes Maismehl, vorzugsweise steingemahlen

1/2 Teelöffel Salz

1/2 Tasse Mascarpone

1/2 Tasse Gorgonzola, zerbröselt

1. In einem 2-Liter-Topf 3 Tassen Wasser zum Kochen bringen.

2. In einer kleinen Schüssel Maismehl, Salz und die restliche Tasse Wasser verrühren.

3. Gießen Sie die Maismehlmischung in das kochende Wasser und kochen Sie sie unter ständigem Rühren, bis die Mischung zum Kochen kommt. Reduzieren Sie die Hitze auf eine niedrige Stufe, decken Sie sie ab und kochen Sie sie unter gelegentlichem Rühren etwa 30 Minuten lang oder bis die Polenta dick und cremig ist. Sollte die Polenta zu dick werden, noch etwas Wasser unterrühren.

4. Die Polenta vom Herd nehmen. Mascarpone und die Hälfte des Gorgonzola unterrühren. In eine Servierschüssel füllen und mit dem restlichen Gorgonzola bestreuen. Heiß servieren.

Pilzpolenta

Polenta mit Funghi

Ergibt 6 Portionen

Pancetta sorgt für einen reichhaltigen Geschmack, aber lassen Sie es weg, wenn Sie ein fleischloses Gericht bevorzugen. Reste können in Scheiben geschnitten und in etwas Olivenöl oder Butter als Vorspeise oder Beilage angebraten werden.

2 Unzen fein gehackter Pancetta

1 kleine Zwiebel, fein gehackt

2 Esslöffel Olivenöl

1 (10 Unzen) Packung weiße Champignons, geputzt und in Scheiben geschnitten

2 Esslöffel gehackte frische glatte Petersilie

Salz und frisch gemahlener schwarzer Pfeffer

4 Tassen kaltes Wasser

1 Tasse grob gemahlenes gelbes Maismehl, vorzugsweise steingemahlen

1. In einer großen Pfanne den Pancetta, die Zwiebel und das Öl vermischen und ca. 10 Minuten braten, bis der Pancetta und die

Zwiebel leicht goldbraun sind. Fügen Sie die Pilze und die Petersilie hinzu und kochen Sie, bis die Pilzflüssigkeit verdampft ist, weitere etwa 10 Minuten. Mit Salz und Pfeffer abschmecken.

2. In einem 2-Liter-Topf 3 Tassen Wasser zum Kochen bringen.

3. In einer kleinen Schüssel Maismehl, 1/2 Teelöffel Salz und die restliche Tasse kaltes Wasser verrühren.

4. Gießen Sie die Maismehlmischung in das kochende Wasser und kochen Sie sie unter ständigem Rühren, bis sie kocht. Reduzieren Sie die Hitze auf eine sehr niedrige Stufe, decken Sie sie ab und kochen Sie sie unter gelegentlichem Rühren etwa 30 Minuten lang, bis die Polenta dick und cremig ist. Sollte die Polenta zu dick werden, noch mehr Wasser unterrühren.

5. Den Inhalt der Pfanne in den Polenta-Topf einrühren. Gießen Sie die Mischung auf eine warme Platte. Sofort servieren.

Buchweizen- und Maismehl-Polenta

Polenta Taragna

Ergibt 4 bis 6 Portionen

In der Lombardei wird diese herzhafte Polenta aus einer Kombination aus Maismehl und Buchweizenmehl hergestellt. Der Buchweizen sorgt für einen erdigen Geschmack. Am Ende der Garzeit wird ein lokaler Käse namens Bitto untergerührt. Ich habe Bitto in den Vereinigten Staaten noch nie gesehen, aber Fontina und Gruyère sind gute Ersatzstoffe.

5 Tassen kaltes Wasser

4 Esslöffel ungesalzene Butter

1 Tasse grob gemahlenes gelbes Maismehl, vorzugsweise steingemahlen

1/2 Tasse Buchweizenmehl

Salz

4 Unzen Fontina oder Gruyère

1. In einem 2-Liter-Topf 4 Tassen Wasser und 2 Esslöffel Butter zum Kochen bringen.

2. In einer mittelgroßen Schüssel Maismehl, Buchweizenmehl, 1/2 Teelöffel Salz und die restliche 1 Tasse Wasser verrühren.

3. Die Maismehlmischung in das kochende Wasser einrühren. Reduzieren Sie die Hitze auf eine sehr niedrige Stufe. Abdecken und unter gelegentlichem Rühren etwa 40 Minuten kochen, bis die Polenta dick und cremig ist. Wenn es zu dick wird, nach Bedarf noch etwas Wasser hinzufügen.

4. Die Polenta vom Herd nehmen. Die restlichen 2 EL Butter und den Käse unterrühren. Sofort servieren.

Gebackene Polenta mit Käse

Polenta Cunsa

Ergibt 8 Portionen

Bis zu 24 Stunden vor dem Kochen zusammenstellen, aber wenn es gekühlt ist, verdoppeln Sie die Garzeit. Probieren Sie es auch mit Gruyère oder Asiago.

5 Tassen kaltes Wasser

1 Tasse grob gemahlenes gelbes Maismehl, vorzugsweise steingemahlen

1 Teelöffel Salz

3 Esslöffel ungesalzene Butter

1 mittelgroße Zwiebel, gehackt

1 Tasse frisch geriebener Parmigiano-Reggiano

1/2 Tasse zerbröselter Gorgonzola

1/2 Tasse geriebener Fontina Valle d'Aosta

1. In einem 2-Liter-Topf 4 Tassen Wasser zum Kochen bringen. In einer Schüssel Maismehl, Salz und die restliche 1 Tasse Wasser verrühren.

2. Gießen Sie die Mischung in das kochende Wasser und kochen Sie sie unter ständigem Rühren, bis die Mischung zum Kochen kommt. Reduzieren Sie die Hitze auf eine niedrige Stufe, decken Sie sie ab und kochen Sie sie unter gelegentlichem Rühren etwa 30 Minuten lang oder bis die Polenta dick und cremig ist. Sollte die Polenta zu dick werden, noch etwas Wasser unterrühren.

3. In einer kleinen Pfanne 2 Esslöffel Butter bei mittlerer Hitze schmelzen. Fügen Sie die Zwiebel hinzu und kochen Sie sie unter Rühren etwa 10 Minuten lang, bis die Zwiebel zart und goldbraun ist. Die Zwiebel in die Polenta kratzen.

4. Stellen Sie einen Rost in die Mitte des Ofens. Heizen Sie den Ofen auf 375 °F vor. Eine 9 × 3 Zoll große Backform mit Butter bestreichen.

5. Etwa ein Drittel der Polenta in die Pfanne geben. Für den Belag 1/4 Tasse Parmigiano beiseite stellen. Jeweils die Hälfte der übrigen Käsesorten auf die Polentaschicht in der Pfanne streuen. Eine zweite Schicht Polenta und Käse darauf verteilen. Die restliche Polenta darübergießen und gleichmäßig verteilen.

6. Streuen Sie die reservierte 1/4 Tasse Parmigiano über die Polenta. Mit der restlichen Butter beträufeln. 30 Minuten backen oder bis sich am Rand Blasen bilden. Vor dem Servieren 10 Minuten ruhen lassen.

Gebackene Polenta mit Wurstragout

Polenta Pasticciato

Ergibt 6 Portionen

Das ist so etwas wie eine Lasagne, bei der die Nudeln durch Schichten geschnittener Polenta ersetzt werden.

Der Name Polenta Pasticciato ist faszinierend. Es kommt von „pasticciare" und bedeutet „etwas durcheinander bringen", aber „pasticciato" bezeichnet auch ein Gericht, das wie Pasta mit Käse und Ragù zubereitet wird.

- 1 Rezept<u>Wurst Ragù</u>

8 Tassen kaltes Wasser

2 Tassen grob gemahlenes gelbes Maismehl, vorzugsweise steingemahlen

1 Esslöffel Salz

8 Unzen frischer Mozzarella

1/2 Tasse frisch geriebener Parmigiano-Reggiano

1. Bereiten Sie ggf. das Ragù vor. In einem großen Topf 6 Tassen Wasser zum Kochen bringen.

2. In einer mittelgroßen Schüssel Maismehl, Salz und die restlichen 2 Tassen Wasser verrühren.

3. Gießen Sie die Maismehlmischung unter ständigem Rühren in das kochende Wasser, bis die Mischung zum Kochen kommt. Reduzieren Sie die Hitze auf eine niedrige Stufe, decken Sie sie ab und kochen Sie sie unter gelegentlichem Rühren etwa 30 Minuten lang oder bis die Polenta dick und cremig ist.

4. Ein großes Backblech mit Butter bestreichen. Gießen Sie die Polenta in die Pfanne und verteilen Sie sie gleichmäßig mit einem Gummispatel auf einer Dicke von 1/2 Zoll. Lassen Sie es mindestens eine Stunde lang abkühlen, bis es fest ist, oder decken Sie es ab und stellen Sie es über Nacht in den Kühlschrank.

5. Stellen Sie einen Rost in die Mitte des Ofens. Heizen Sie den Ofen auf 400 °F vor. Eine quadratische 9-Zoll-Auflaufform einölen.

6. Schneiden Sie die Polenta in 9 cm große Quadrate. Die Hälfte der Polenta auf dem Boden der Form verteilen. Die Hälfte der Sauce darüber geben und mit der Hälfte des Mozzarella und Parmigiano-Reggiano belegen. Aus den restlichen Zutaten eine zweite Schicht formen.

7. 40 Minuten backen oder bis die Polenta Blasen bildet und der Käse geschmolzen ist. Vor dem Servieren 10 Minuten stehen lassen.

Polenta „in Ketten"

Polenta incatenata

Ergibt 6 Portionen

Mein Mann und ich mieteten einmal eine Wohnung in einer Villa außerhalb von Lucca in der Toskana. Carlotta war die fröhliche Haushälterin, die sich um den Haushalt kümmerte und dafür sorgte, dass alles reibungslos lief. Hin und wieder überraschte sie uns mit einem hausgemachten Essen. Sie erzählte mir, dass diese herzhafte Polenta, eine lokale Spezialität, in Bändern aus zerkleinertem Gemüse „gefesselt" sein soll. Servieren Sie es als vegetarisches Hauptgericht oder als Beilage zu gegrilltem Fleisch. Es schmeckt auch sehr gut, wenn man es abkühlen lässt, bis es fest wird, es dann in Scheiben schneidet und goldbraun frittiert.

2 Esslöffel Olivenöl

1 Knoblauchzehe, fein gehackt

2 Tassen geriebener Kohl oder Grünkohl

4 Tassen kaltes Wasser

1 Tasse grob gemahlenes gelbes Maismehl, vorzugsweise steingemahlen

1 1/2 Teelöffel Salz

2 Tassen gekochte oder eingemachte Cannelini-Bohnen

Salz und frisch gemahlener schwarzer Pfeffer

1/2 Tasse frisch geriebener Parmigiano-Reggiano

1. In einem großen Topf das Öl und den Knoblauch bei mittlerer Hitze etwa 2 Minuten kochen, bis der Knoblauch goldbraun ist. Fügen Sie den Kohl hinzu, decken Sie ihn ab und kochen Sie ihn 10 Minuten lang oder bis der Kohl zusammengefallen ist.

2. 3 Tassen Wasser hinzufügen und zum Kochen bringen.

3. In einer kleinen Schüssel Maismehl, Salz und die restliche Tasse Wasser verrühren.

4. Gießen Sie die Maismehlmischung in den Topf. Unter häufigem Rühren kochen, bis die Mischung köchelt. Reduzieren Sie die Hitze auf eine niedrige Stufe, decken Sie das Ganze ab und kochen Sie es unter gelegentlichem Rühren 20 Minuten lang.

5. Bohnen unterrühren. Weitere 10 Minuten kochen, bis es dick und cremig ist. Falls die Masse zu dick wird, etwas Wasser hinzufügen.

6. Vom Herd nehmen. Den Käse unterrühren und sofort servieren.

Farro-Salat

Insalata di Farro

Ergibt 6 Portionen

In den Abruzzen haben mein Mann und ich mehrmals Farro-Salate gegessen, darunter diesen mit knackigen Gemüsestücken und erfrischender Minze.

Salz

1 1/2 Tassen Farro

1 Tasse fein gehackte Karotten

1 Tasse fein gehackter Sellerie

2 Esslöffel fein gehackte frische Minze

2 Frühlingszwiebeln, fein gehackt

1/3 Tasse Olivenöl

1 Esslöffel frischer Zitronensaft

Frisch gemahlener schwarzer Pfeffer

1. 6 Tassen Wasser zum Kochen bringen. Nach Geschmack Salz hinzufügen, dann den Farro. Reduzieren Sie die Hitze auf köcheln und kochen Sie das Farro etwa 15 bis 30 Minuten lang, bis es zart, aber noch zäh ist. (Die Garzeit kann variieren; nach 15 Minuten mit der Verkostung beginnen.) Gut abtropfen lassen.

2. In einer großen Schüssel Farro, Karotten, Sellerie und Minze vermischen. In einer kleinen Schüssel Olivenöl, Zitronensaft und Pfeffer vermischen. Das Dressing über den Salat gießen und gut vermischen. Abschmecken und nachwürzen. Warm oder bei Zimmertemperatur servieren.

Farro, Amatrice-Stil

Farro all'Amatriciana

Ergibt 8 Portionen

Farro wird normalerweise in Suppen oder Salaten verwendet, aber in diesem Rezept aus der römischen Landschaft wird das Getreide mit einer klassischen Amatriciana-Sauce gekocht, die normalerweise für Nudeln verwendet wird.

Salz

2 Tassen Farro

1/4 Tasse Olivenöl

4 Unzen Pancetta, gehackt

1 mittelgroße Zwiebel

1/2 Tasse trockener Weißwein

1 1/2 Tassen geschälte, entkernte und gehackte frische Tomaten oder abgetropfte und gehackte Tomaten aus der Dose

1/2 Tasse frisch geriebener Pecorino Romano

1. 6 Tassen Wasser zum Kochen bringen. Nach Geschmack Salz hinzufügen, dann den Farro. Reduzieren Sie die Hitze auf köcheln und kochen Sie das Farro 15 bis 30 Minuten lang, bis es zart, aber noch zäh ist. (Die Garzeit kann variieren; nach 15 Minuten mit der Verkostung beginnen.) Gut abtropfen lassen.

2. In einer mittelgroßen Pfanne das Öl, den Pancetta und die Zwiebel bei mittlerer Hitze unter häufigem Rühren etwa 10 Minuten lang anbraten, bis die Zwiebel goldbraun ist. Den Wein hinzufügen und zum Kochen bringen. Tomaten und Farro dazugeben. Zum Kochen bringen und ca. 10 Minuten kochen lassen, bis der Farro einen Teil der Soße aufgesogen hat. Fügen Sie bei Bedarf etwas Wasser hinzu, um ein Anhaften zu verhindern.

3. Vom Herd nehmen. Den Käse hinzufügen und gut umrühren. Sofort servieren.

Farro, Tomaten und Käse

Grano, Pomodori und Cacio

Ergibt 6 Portionen

Weizenbeeren, Emmer, Kamut oder andere ähnliche Getreidesorten können auf diese Weise gekocht werden, wenn Sie kein Farro finden. Fügen Sie dem Korn nicht zu viel Salz hinzu, da der Ricotta-Salata salzig sein kann. Wenn dieser nicht verfügbar ist, ersetzen Sie ihn durch Pecorino Romano. Dieses Rezept stammt aus Apulien im Süden.

Salz

1 1/2 Tassen Farro

2 Esslöffel Olivenöl

1 kleine Zwiebel, fein gehackt

8 Unzen gehackte Tomaten

4 Unzen Ricotta-Salata, grob gerieben

1. 6 Tassen Wasser zum Kochen bringen. Nach Geschmack Salz hinzufügen, dann den Farro. Reduzieren Sie die Hitze auf köcheln und kochen Sie das Farro 15 bis 30 Minuten lang, bis es zart ist. (Die Garzeit kann variieren; nach 15 Minuten mit der Verkostung beginnen.) Gut abtropfen lassen.

2. Gießen Sie das Öl in einen mittelgroßen Topf. Fügen Sie die Zwiebel hinzu und kochen Sie sie unter häufigem Rühren etwa 10 Minuten lang, bis die Zwiebel goldbraun ist. Fügen Sie die Tomaten und Salz hinzu, um zu schmecken. Etwa 10 Minuten kochen, bis es leicht eingedickt ist.

3. Den abgetropften Farro unter die Tomatensauce rühren. Den Käse hinzufügen und gut umrühren. Heiß servieren.

Garnelen- und Gersten-Orzotto

Orzotto di Gamberi

Ergibt 4 Portionen

Obwohl die meisten Menschen in den Vereinigten Staaten bei Orzo eine winzige, samenförmige Pasta denken, bedeutet Orzo auf Italienisch „Gerste". In Friaul-Julisch Venetien im Norden wird Gerste wie Risotto gekocht und das fertige Gericht heißt Orzotto.

3 Tassen Hühnersuppe, Gemüsebrühe oder Wasser

2 Esslöffel ungesalzene Butter

1 Esslöffel Olivenöl

1 kleine Zwiebel, fein gehackt

1 kleine Karotte, fein gehackt

1/2 Tasse fein gehackter Sellerie

1 Knoblauchzehe, gehackt

6 Unzen (2/3 Tasse) Graupen, abgespült und abgetropft

Salz und frisch gemahlener schwarzer Pfeffer

8 Unzen Garnelen, geschält und entdarmt

2 Esslöffel gehackte frische glatte Petersilie

1. Bereiten Sie bei Bedarf die Brühe vor. In einem mittelgroßen Topf die Butter mit dem Öl bei mittlerer Hitze schmelzen. Zwiebel, Karotte, Sellerie und Knoblauch hinzufügen und etwa 10 Minuten goldbraun braten.

2. Die Gerste zum Gemüse in die Pfanne geben und gut umrühren. Fügen Sie die Brühe, 1 Teelöffel Salz und Pfeffer hinzu und schmecken Sie ab. Zum Kochen bringen und die Hitze reduzieren. Abdecken und unter gelegentlichem Rühren 30 bis 40 Minuten kochen, bis die Gerste weich ist. Fügen Sie etwas Wasser hinzu, wenn die Mischung trocken wird.

3. In der Zwischenzeit die Garnelen hacken und zusammen mit der Petersilie unter die Gerstenmischung rühren. 2 bis 3 Minuten kochen, bis die Garnelen nur noch rosa sind. Abschmecken und nachwürzen. Sofort servieren.

Gersten- und Gemüse-Orzotto

Orzotto di Verdure

Ergibt 4 Portionen

Für dieses Orzotto werden kleine Gemüsestückchen mit Gerste gekocht. Servieren Sie es als Beilage oder ersten Gang.

4 Tassen Fleischbrühe oder Hühnersuppe

4 Esslöffel ungesalzene Butter

1 kleine Zwiebel, fein gehackt

1 Tasse Graupen, abgespült und abgetropft

1/2 Tasse frische oder gefrorene Erbsen

1/2 Tasse gehackte Pilze aller Art

1/4 Tasse fein gehackte rote Paprika

1/4 Tasse fein gehackter Sellerie

Salz und frisch gemahlener schwarzer Pfeffer

1/4 Tasse frisch geriebener Parmigiano-Reggiano

1. Bereiten Sie bei Bedarf die Brühe vor. In einem großen Topf 3 Esslöffel Butter bei mittlerer Hitze schmelzen. Fügen Sie die Zwiebel hinzu und kochen Sie sie unter häufigem Rühren etwa 10 Minuten lang goldbraun.

2. Die Gerste hinzufügen und gut umrühren. Jeweils die Hälfte der Erbsen, Pilze, Paprika und Sellerie unterrühren und 2 Minuten kochen, bis sie zusammengefallen sind. Die Brühe hinzufügen und zum Kochen bringen. Abdecken und 20 Minuten kochen lassen.

3. Das restliche Gemüse unterrühren und mit Salz und Pfeffer abschmecken. Ohne Deckel weitere 10 Minuten kochen, bis die Flüssigkeit verdampft und die Gerste weich ist. Vom Herd nehmen.

4. Den restlichen Esslöffel Butter und den Käse unterrühren. Sofort servieren.

Schinken und Eier

Uova al Prosciutto

Ergibt 2 Portionen

Ein Freund, mit dem ich in Italien unterwegs war, ernährte sich proteinreich. Sie gewöhnte sich an, zum Frühstück einen Teller Prosciutto zu bestellen. In einem kleinen Gasthaus in Montepulciano in der Toskana fragte die Gastgeberin, ob sie zum Schinken ein paar Eier haben möchte. Mein Freund sagte ja und erwartete ein paar gekochte Eier. Stattdessen kam kurze Zeit später der Koch mit einer einzelnen Bratpfanne, gefüllt mit brutzelndem Prosciutto und Eiern mit der Sonnenseite nach oben. Es sah so gut aus und roch so gut, dass bald alle im Speisesaal das Gleiche bestellten, sehr zum Entsetzen des gehetzten Kochs.

Dies ist eine perfekte Möglichkeit, Prosciutto zu verwerten, der an den Rändern etwas trocken geworden ist. Servieren Sie Eier mit Prosciutto zum Brunch mit Butterspargel und gerösteten Tomaten.

1 Esslöffel ungesalzene Butter

4 bis 6 dünne Scheiben importierter italienischer Prosciutto

4 große Eier

Salz und frisch gemahlener schwarzer Pfeffer

1. In einer beschichteten 9-Zoll-Pfanne die Butter bei mittlerer bis niedriger Hitze schmelzen.

2. Die Schinkenscheiben leicht überlappend in die Pfanne legen. Schlagen Sie die Eier einzeln in eine Tasse auf und schieben Sie sie dann auf den Schinken. Mit Salz und Pfeffer bestreuen.

3. Abdecken und bei schwacher Hitze etwa 2 bis 3 Minuten kochen lassen, bis die Eier nach Geschmack fest sind. Heiß servieren.

Gebackener Spargel mit Eiern

Mailänder Spargel

Ergibt 2 bis 4 Portionen

Ein Journalist hat mich einmal gefragt, was ich zum Abendessen esse, wenn ich für mich selbst koche. Ohne groß darüber nachzudenken, antwortete ich: Spargel mit Eiern und Parmigiano – was die Italiener Mailänder Art nennen. Das ist so gut und doch so einfach. Es ist meine Vorstellung von Wohlfühlessen.

1 Pfund Spargel

Salz

3 Esslöffel ungesalzene Butter

Frisch gemahlener schwarzer Pfeffer

1/2 Tasse frisch geriebener Parmigiano-Reggiano

4 große Eier

1. Schneiden Sie die Basis des Spargels an der Stelle ab, an der sich der Stiel von weiß nach grün verfärbt. In einer großen Pfanne etwa 5 cm Wasser zum Kochen bringen. Den Spargel und das Salz nach Geschmack hinzufügen. Etwa 4 bis 8 Minuten kochen, bis sich der Spargel leicht verbiegt, wenn man ihn vom Stielende abhebt. Die

Garzeit hängt von der Dicke des Spargels ab. Geben Sie den Spargel mit einer Zange in ein Sieb. Abtropfen lassen und trocken tupfen.

2.Stellen Sie einen Rost in die Mitte des Ofens. Heizen Sie den Ofen auf 450 °F vor. Eine große Auflaufform mit Butter bestreichen.

3.Ordnen Sie den Spargel nebeneinander in der Auflaufform an, sodass er leicht überlappt. Mit 1 Esslöffel Butter bestreuen und mit Pfeffer und Käse bestreuen.

4.15 Minuten backen oder bis der Käse geschmolzen und goldbraun ist.

5.In einer großen beschichteten Pfanne die restlichen 2 Esslöffel Butter bei mittlerer Hitze schmelzen. Wenn der Butterschaum nachlässt, schlagen Sie ein Ei in eine Tasse und schieben Sie es vorsichtig in die Pfanne. Mit den restlichen Eiern wiederholen. Mit Salz bestreuen und ca. 2 bis 3 Minuten kochen, bis die Eier nach Geschmack fest sind.

6.Den Spargel auf die Teller verteilen. Legen Sie die Eier darauf. Den Bratensaft darüber geben und heiß servieren.

Eier im Fegefeuer

Uova im Fegefeuer

Ergibt 4 Portionen

Als ich aufwuchs, war das Abendessen am Freitagabend bei uns zu Hause immer eine fleischlose Mahlzeit. Unsere Mahlzeiten basierten auf der neapolitanischen Küche. Das Abendessen bestand normalerweise aus Pasta e Fagioli (Nudeln und Bohnen), Thunfischsalat oder diesen köstlichen Eiern, gekocht in einer würzigen Tomatensauce, daher der charmante Name Eggs in Purgatory. Dies ist ein perfektes Gericht, wenn nicht viel in der Speisekammer ist und Sie etwas Heißes und Schnelles möchten. Knuspriges Brot ist die unverzichtbare Beilage.

2 Esslöffel Olivenöl

1/4 Tasse fein gehackte Zwiebel

2 Tassen geschälte Tomaten aus der Dose, gehackt

4 frische Basilikumblätter, in Stücke gerissen, oder eine Prise getrockneter Oregano

Prise zerstoßener roter Pfeffer (Peperoncino)

Salz

8 große Eier

1. Gießen Sie das Öl in eine mittelgroße Pfanne. Fügen Sie die Zwiebel hinzu und kochen Sie sie bei mittlerer Hitze und Rühren etwa 10 Minuten lang, bis sie zart und goldbraun sind. Tomaten, Basilikum, rote Paprika und Salz nach Geschmack hinzufügen. Zum Kochen bringen und 15 Minuten kochen, bis es eingedickt ist.

2. Schlagen Sie ein Ei in eine kleine Tasse. Mit einem Löffel eine Vertiefung in die Tomatensauce drücken. Schieben Sie das Ei in die Soße. Fahren Sie mit den restlichen Eiern fort.

3. Decken Sie die Pfanne ab und kochen Sie sie 2 bis 3 Minuten lang, bis die Eier nach Geschmack fest sind. Heiß servieren.

Eier in Tomatensauce nach Markenart

Uova in Brodetto

Ergibt 2 Portionen

Mein Onkel Joe, dessen Familie aus der Region Marken an der Ostküste Italiens stammte, hatte eine besondere Art, Eier in Tomatensauce zu kochen. Sein Rezept ist zwar ähnlich<u>Eier im Fegefeuer</u>, enthält einen Schuss Essig für einen würzigen Geschmack.

1 kleine Zwiebel, sehr fein gehackt

1 Esslöffel frische glatte Petersilie, sehr fein gehackt

2 Esslöffel Olivenöl

1 1/2 Tassen geschälte, entkernte und gehackte frische Tomaten oder abgetropfte und gehackte Tomaten aus der Dose

1 bis 2 Esslöffel Weißweinessig

Salz und frisch gemahlener schwarzer Pfeffer

4 große Eier

1. In einer beschichteten 9-Zoll-Pfanne Zwiebel, Petersilie und Öl vermischen und bei mittlerer Hitze unter gelegentlichem Rühren ca. 10 Minuten braten, bis die Zwiebel zart und goldbraun ist.

2. Mit Tomaten, Essig, Salz und Pfeffer abschmecken. 10 Minuten kochen lassen oder bis die Soße eingedickt ist.

3. Schlagen Sie ein Ei in eine kleine Tasse. Mit einem Löffel eine Vertiefung in die Soße drücken. Geben Sie das Ei vorsichtig hinein. Mit den restlichen Eiern wiederholen. Mit Salz und Pfeffer bestreuen. Abdecken und 2 bis 3 Minuten kochen, bis die Eier nach Geschmack fest sind. Heiß servieren.

Eier nach piemontesischer Art

Uova al Cirighet

Ergibt 4 Portionen

Zahlreiche Gerichte im Piemont werden mit Knoblauch und mit Essig gewürzten Sardellen gewürzt. Hier erhalten Eier diese pikante, aromatische Behandlung.

4 Esslöffel Olivenöl

4 Sardellenfilets, abgetropft und gehackt

2 Esslöffel gehackte frische glatte Petersilie

2 Esslöffel Kapern, abgespült und abgetropft

2 Knoblauchzehen, sehr fein gehackt

2 Salbeiblätter, gehackt

Prise zerstoßener roter Pfeffer

1 Esslöffel Rotweinessig

1 bis 2 Teelöffel frischer Zitronensaft

2 Esslöffel ungesalzene Butter

8 große Eier

Salz

1. In einer mittelgroßen Pfanne Öl, Sardellen, Petersilie, Kapern, Knoblauch, Salbei und zerstoßenen roten Pfeffer vermischen. Bei mittlerer Hitze unter häufigem Rühren 4 bis 5 Minuten kochen, bis sich die Sardellen aufgelöst haben. Essig und Zitronensaft einrühren. Noch 1 Minute kochen lassen.

2. In einer großen beschichteten Pfanne die Butter bei mittlerer Hitze schmelzen. Wenn der Butterschaum nachlässt, gleiten Sie die Eier vorsichtig in die Pfanne. Mit Salz bestreuen und 2 bis 3 Minuten kochen, oder bis die Eier nach Geschmack fest sind.

3. Die Soße über die Eier geben. Sofort servieren.

eggs Florentine

Uova alla Fiorentina

Ergibt 4 Portionen

Eggs Florentine wird in den USA oft mit Butter und einer kräftigen Sauce Hollandaise zubereitet. Dies ist eine Version, die ich in Florenz hatte. Anstelle von Butter wird der Spinat mit Knoblauch und Olivenöl gekocht und eine leichte Prise Parmigiano auf den Eiern genügt. Es ist eine viel leichtere Zubereitung, perfekt für einen zwanglosen Brunch.

3 Pfund Spinat, harte Stiele entfernt

Salz

2 Esslöffel Olivenöl

1 Knoblauchzehe, fein gehackt

Frisch gemahlener schwarzer Pfeffer

8 Eier

2 Esslöffel frisch geriebener Parmigiano-Reggiano

1. Den Spinat in mehreren Wechseln mit kaltem Wasser gut waschen. Den Spinat, 1/2 Tasse Wasser und eine Prise Salz in einen großen Topf geben. Decken Sie den Topf ab und stellen Sie die Hitze auf mittlere Stufe. 5 Minuten kochen oder bis der Spinat zusammengefallen und zart ist. Den Spinat abtropfen lassen und das überschüssige Wasser herausdrücken.

2. Gießen Sie das Öl in eine große Pfanne. Den Knoblauch hinzufügen und ca. 2 Minuten goldbraun braten.

3. Den Spinat sowie Salz und Pfeffer nach Geschmack hinzufügen. Unter gelegentlichem Rühren ca. 2 Minuten kochen lassen, bis alles durchgeheizt ist.

4. Schlagen Sie ein Ei in eine kleine Tasse. Mit einem Löffel eine Vertiefung in den Spinat drücken. Schieben Sie das Ei in die Vertiefung. Mit den restlichen Eiern wiederholen.

5. Die Eier mit Salz und Pfeffer sowie dem Käse bestreuen. Decken Sie die Pfanne ab und kochen Sie sie 2 bis 3 Minuten lang oder bis die Eier nach Geschmack fest sind. Heiß servieren.

Gebackene Eier mit Kartoffeln und Käse

Uova al Forno

Ergibt 4 Portionen

Mit neapolitanischer Hausmannskost lässt sich dieser geschichtete Auflauf aus Kartoffeln, Käse und Eiern am besten beschreiben, den meine Mutter als Kind oft für mich zubereitet hat.

1 Pfund Allzweckkartoffeln, zum Beispiel Yukon Gold

Salz

1 Esslöffel ungesalzene Butter

8 Unzen frischer Mozzarella, in Scheiben geschnitten

4 große Eier

Frisch gemahlener schwarzer Pfeffer

2 Esslöffel Parmigiano-Reggiano

1. Die Kartoffeln schrubben und schälen. Schneiden Sie sie in 1/4 Zoll dicke Scheiben. Legen Sie die Kartoffeln in einen mittelgroßen Topf mit kaltem Wasser und salzen Sie sie ab. Abdecken und zum Kochen bringen. Etwa 10 Minuten kochen, bis die Kartoffeln gerade zart sind,

wenn man sie mit einer Gabel einsticht. Kartoffeln abgießen und etwas abkühlen lassen.

2. Stellen Sie einen Rost in die Mitte des Ofens. Heizen Sie den Ofen auf 400 °F vor. Den Boden und die Seiten einer quadratischen Auflaufform mit einem Zentimeter Durchmesser mit der Butter bestreichen. Ordnen Sie die Kartoffelscheiben leicht überlappend in der Pfanne an. Die Käsescheiben auf die Kartoffeln legen. Schlagen Sie die Eier in eine kleine Tasse auf und schieben Sie sie dann in die Pfanne auf den Käse. Mit Salz, Pfeffer und geriebenem Parmigiano-Reggiano bestreuen.

3. Backen, bis die Eier nach Geschmack fest sind, etwa 15 Minuten. Heiß servieren.

Paprika und Eier

Peperoni und die Uova

Ergibt 4 Portionen

Sautierte Paprika oder Kartoffeln mit Rührei eignen sich gut zum Brunch mit gegrillten Würstchen, oder serviert in knuspriges italienisches Brot gefüllt für klassische Heldensandwiches.

1/4 Tasse Olivenöl

2 mittelgroße rote Paprika, in mundgerechte Stücke geschnitten

1 mittelgroße grüne Paprika, in mundgerechte Stücke geschnitten

1 kleine Zwiebel, in dünne Scheiben geschnitten

Salz

8 große Eier

1/4 Tasse frisch geriebener Parmigiano-Reggiano

Frisch gemahlener schwarzer Pfeffer

1. Erhitzen Sie das Öl in einer beschichteten 9-Zoll-Pfanne bei mittlerer Hitze. Paprika, Zwiebeln und Salz nach Geschmack hinzufügen. Unter häufigem Rühren kochen, bis die Paprikaschoten gebräunt sind, etwa

20 Minuten. Abdecken und weitere 5 Minuten kochen, bis die Paprikaschoten sehr zart sind.

2. In einer mittelgroßen Schüssel die Eier mit dem Käse verquirlen und mit Salz und gemahlenem Pfeffer abschmecken. Die Eier über die Paprika gießen und kurz fest werden lassen. Drehen Sie die Paprika und die Eier mit einem Spatel oder Löffel um, damit die ungekochten Eier an die Oberfläche der Pfanne gelangen. Lassen Sie die Eier fest werden und rühren Sie erneut um. Wiederholen Sie das Rühren und Kochen, bis die Eier Ihren Geschmack erreichen, etwa 2 bis 3 Minuten. Heiß servieren.

Kartoffeln und Eier

Patate con le Uuova

Ergibt 4 Portionen

Rührkartoffeln mit Eiern sind eine klassische Kombination, die man in ganz Süditalien findet. Wer mag, kann zu den Kartoffeln auch eine kleine, dünn geschnittene Paprika oder eine Zwiebel – oder beides – mitbraten. Servieren Sie es mit Würstchen zum Brunch oder füllen Sie die Kartoffeln und Eier in italienisches Brot für ein Heldensandwich.

1/4 Tasse Olivenöl

4 festkochende Frühkartoffeln, geschält und in 1/4-Zoll-Scheiben geschnitten

Salz

8 große Eier

Frisch gemahlener schwarzer Pfeffer

1. Erhitzen Sie das Öl in einer beschichteten 9-Zoll-Pfanne bei mittlerer Hitze. Die Kartoffelscheiben trocken tupfen und in die Pfanne geben. Unter häufigem Wenden etwa 10 Minuten kochen, bis die Kartoffeln gebräunt und zart sind. Mit Salz bestreuen.

2. In einer mittelgroßen Schüssel die Eier mit Salz und Pfeffer verquirlen. Die Eier in die Pfanne geben und kurz fest werden lassen. Drehen Sie die Kartoffeln und Eier mit einem Spatel oder Löffel um, damit die ungekochten Eier an die Oberfläche der Pfanne gelangen. Lassen Sie die Eier fest werden und rühren Sie erneut um. Wiederholen Sie das Rühren und Kochen, bis die Eier Ihren Geschmack erreichen, etwa 2 bis 3 Minuten. Heiß servieren.

Rührei mit Pilzen und Eiern

Uova con Funghi

Ergibt 4 Portionen

Rühreier mit Pilzen eignen sich gut für ein leichtes Abendessen oder einen Brunch. Weiße Pilze sind in Ordnung, aber wilde Pilze sorgen für einen tollen erdigen Geschmack.

3 Esslöffel ungesalzene Butter

1 kleine Zwiebel, fein gehackt

2 Tassen geschnittene Pilze

Salz und frisch gemahlener schwarzer Pfeffer

8 große Eier

1. In einer beschichteten 9-Zoll-Pfanne die Butter bei mittlerer Hitze schmelzen. Fügen Sie die Zwiebel, die Pilze sowie Salz und Pfeffer hinzu und schmecken Sie ab. Unter gelegentlichem Rühren ca. 10 Minuten kochen, bis die Pilze leicht gebräunt sind.

2. In einer mittelgroßen Schüssel die Eier mit Salz und Pfeffer verquirlen. Die Eier über das Gemüse gießen und kurz fest werden lassen. Drehen Sie die Pilze und Eier mit einem Spatel oder Löffel um, damit die ungekochten Eier an die Pfannenoberfläche gelangen. Lassen Sie die

Eier fest werden und rühren Sie erneut um. Wiederholen Sie das Rühren und Kochen, bis die Eier Ihren Geschmack erreichen, etwa 2 bis 3 Minuten. Heiß servieren.

Zwiebel-Rucola-Frittata

Frittata di Cipolle e Rughetta

Ergibt 4 Portionen

Eines Tages kam eine alte Freundin meiner Mutter aus Palermo auf Sizilien zu Besuch. Wir kannten sie als Zia Millie, obwohl sie nicht wirklich eine Tante war. Sie bot an, zu unserem Essen einen Salat zuzubereiten und fragte mich, ob ich milde Zwiebeln hätte, etwa die roten oder weißen Sorten. Ich hatte nur die gelben Zwiebeln, die ich normalerweise zum Kochen verwende, aber sie sagte, das wäre in Ordnung. Sie schnitt eine Zwiebel in dünne Scheiben und tränkte sie mehrmals in kaltem Wasser, wodurch der starke Saft entfernt wurde. Als wir bereit waren, den Salat zu essen, war die Zwiebel so süß wie jede mildere Sorte. Ich verwende diese Methode oft, wenn ich einen sanften Zwiebelgeschmack möchte.

Diese Frittata aus Apulien ist mit Zwiebeln und Rucola gewürzt. Wenn Sie keinen Rucola haben, ersetzen Sie ihn durch Brunnenkresse oder Spinatblätter.

2 mittelgroße Zwiebeln, in dünne Scheiben geschnitten

3 Esslöffel Olivenöl

1 großer Bund Rucola, harte Stiele entfernt und in mundgerechte Stücke gerissen (ca. 2 Tassen)

8 große Eier

1/4 Tasse frisch geriebener Parmigiano-Reggiano

Salz und frisch gemahlener schwarzer Pfeffer

1. Geben Sie die Zwiebeln in eine Schüssel und bedecken Sie sie mit kaltem Wasser. 1 Stunde stehen lassen und dabei ein- oder zweimal das Wasser wechseln, bis die Zwiebeln süß schmecken. Abtropfen lassen und trocken tupfen.

2. Gießen Sie das Öl in eine 9-Zoll-Pfanne mit Antihaftbeschichtung. Fügen Sie die Zwiebeln hinzu. Bei mittlerer Hitze unter gelegentlichem Rühren etwa 10 Minuten kochen, bis die Zwiebeln zart und goldbraun sind. Den Rucola etwa 1 Minute lang einrühren, bis er zusammengefallen ist.

3.3 In einer mittelgroßen Schüssel Eier, Käse sowie Salz und Pfeffer nach Geschmack verrühren. Gießen Sie die Eier über das Gemüse in der Pfanne und reduzieren Sie die Hitze. Abdecken und kochen, bis die Eier gerade fest, aber in der Mitte noch feucht sind und die Frittata auf der Unterseite leicht gebräunt ist, etwa 5 bis 10 Minuten.

4. Schieben Sie die Frittata mithilfe eines Spatels auf einen Teller. Drehen Sie die Pfanne über den Teller und drehen Sie Teller und Pfanne schnell um, sodass die Frittata mit der gegarten Seite nach oben wieder in der Pfanne liegt. Kochen, bis es gerade in der Mitte fest geworden ist, weitere ca. 5 Minuten. Wenn Sie es lieber nicht

umdrehen möchten, schieben Sie die Pfanne 3 bis 5 Minuten lang unter den Grill, bis die Eier nach Geschmack fest sind.

5. Die Frittata auf eine Servierplatte schieben und in Spalten schneiden. Heiß oder bei Zimmertemperatur servieren.

Zucchini-Basilikum-Frittata

Frittata di Zucchine

Ergibt 4 Portionen

Meine Mutter baute in unserem kleinen Hinterhof in Brooklyn Zucchini an. Auf dem Höhepunkt der Saison wuchsen sie so schnell, dass wir sie kaum schnell genug nutzen konnten. Damals machte meine Mutter diese einfache Frittata, die wir mit einem frischen Tomatensalat aßen. Die selbst angebauten Zucchini waren nicht größer als ein Hotdog und mild und aromatisch, mit winzigen Kernen und dünnen Schalen.

3 Esslöffel Olivenöl

2 bis 3 kleine Zucchini (ca. 1 Pfund), geschrubbt und in Scheiben geschnitten

8 große Eier

1/4 Tasse frisch geriebener Parmigiano-Reggiano

6 frische Basilikumblätter, gestapelt und in dünne Streifen geschnitten

Salz und frisch gemahlener schwarzer Pfeffer

1. Erhitzen Sie das Öl in einer beschichteten 9-Zoll-Pfanne bei mittlerer bis hoher Hitze. Fügen Sie die Zucchini hinzu und kochen Sie sie unter gelegentlichem Wenden etwa 12 Minuten lang, bis die Zucchini schön gebräunt sind.

2. In einer großen Schüssel Eier, Käse, Basilikum sowie Salz und Pfeffer nach Geschmack verquirlen. Reduzieren Sie die Hitze auf mittlere Stufe. Die Mischung über die Zucchini gießen. Heben Sie die Ränder der Frittata an, während sie fest wird, damit das ungekochte Ei die Oberfläche der Pfanne erreichen kann. Etwa 5 bis 10 Minuten kochen, bis die Eier gerade fest, aber in der Mitte noch feucht sind und die Frittata auf der Unterseite leicht gebräunt ist.

3. Schieben Sie die Frittata auf einen Teller und drehen Sie die Pfanne dann um. Drehen Sie den Teller und die Pfanne schnell um, sodass die Frittata mit der Backseite nach oben liegt. Kochen, bis es gerade in der Mitte fest geworden ist, weitere ca. 5 Minuten. Oder, wenn Sie es lieber nicht umdrehen möchten, schieben Sie die Pfanne 3 bis 5 Minuten lang unter den Grill, bis es nach Geschmack fest wird. Heiß oder bei Zimmertemperatur servieren.

4. Die Frittata auf eine Servierplatte schieben und in Spalten schneiden. Heiß servieren oder im Kühlschrank aufbewahren und kalt servieren.

Hundert-Kräuter-Frittata

Frittata con Cento Erbe

Ergibt 4 Portionen

Obwohl ich in dieser Frittata aus Friaul-Julisch Venetien normalerweise nur fünf oder sechs Kräuter verwende, deutet der Name darauf hin, dass die Möglichkeiten viel größer sind und Sie alle frischen Kräuter verwenden können, die Ihnen zur Verfügung stehen. Frische Petersilie ist unerlässlich, aber wenn die einzigen anderen Kräuter, die Sie zur Hand haben, getrocknet sind, verwenden Sie nur eine Prise, sonst wird ihr Geschmack überwältigend.

8 große Eier

1/4 Tasse frisch geriebener Parmigiano-Reggiano

2 Esslöffel fein gehackte frische glatte Petersilie

2 Esslöffel fein gehacktes frisches Basilikum

1 Esslöffel gehackter frischer Schnittlauch

1 Teelöffel gehackter frischer Estragon

1 Teelöffel fein gehackter frischer Thymian

Salz und frisch gemahlener schwarzer Pfeffer

2 Esslöffel Olivenöl

1. In einer großen Schüssel Eier, Käse, Kräuter sowie Salz und Pfeffer verrühren, bis alles gut vermischt ist.

2. Erhitzen Sie das Öl in einer beschichteten 9-Zoll-Pfanne bei mittlerer Hitze. Gießen Sie die Eiermischung in die Pfanne. Heben Sie die Ränder der Frittata an, während sie fest wird, damit das ungekochte Ei die Oberfläche der Pfanne erreichen kann. Etwa 5 bis 10 Minuten kochen, bis die Eier gerade fest, aber in der Mitte noch feucht sind und die Frittata auf der Unterseite leicht gebräunt ist.

3. Schieben Sie die Frittata auf einen Teller und drehen Sie die Pfanne dann um. Drehen Sie den Teller und die Pfanne schnell um, sodass die Frittata mit der Backseite nach oben liegt. Kochen, bis es gerade in der Mitte fest geworden ist, weitere ca. 5 Minuten. Oder, wenn Sie es lieber nicht umdrehen möchten, schieben Sie die Pfanne 3 bis 5 Minuten lang unter den Grill, bis es nach Geschmack fest wird. Heiß oder bei Zimmertemperatur servieren.

Spinat-Frittata

Frittata di Spinaci

Ergibt 4 Portionen

Für diese Frittata können Spinat, Eskariol, Mangold oder anderes Gemüse verwendet werden. Mit sautierten Pilzen und Tomatenscheiben servieren.

1 Pfund frischer Spinat, geputzt

1/4 Tasse Wasser

Salz

8 große Eier

1/4 Tasse Sahne

1/2 Tasse frisch geriebener Parmigiano-Reggiano

2 Esslöffel ungesalzene Butter

1. Spinat, Wasser und Salz nach Geschmack in einen großen Topf geben. Abdecken und bei mittlerer Hitze ca. 5 Minuten kochen, bis es weich und zusammengefallen ist. Gut abtropfen lassen. Etwas abkühlen lassen. Legen Sie den Spinat in ein Küchentuch und drücken Sie ihn aus, um die Flüssigkeit zu extrahieren.

2. In einer großen Schüssel Eier, Sahne, Käse sowie Salz und Pfeffer nach Geschmack verquirlen. Den Spinat unterrühren.

3. In einer beschichteten 9-Zoll-Pfanne die Butter bei mittlerer Hitze schmelzen. Gießen Sie die Mischung in die Pfanne. Heben Sie die Ränder der Frittata an, während sie fest wird, damit das ungekochte Ei die Oberfläche der Pfanne erreichen kann. Etwa 5 bis 10 Minuten kochen, bis die Eier gerade fest, aber in der Mitte noch feucht sind und die Frittata auf der Unterseite leicht gebräunt ist.

4. Schieben Sie die Frittata auf einen Teller und drehen Sie die Pfanne dann um. Drehen Sie den Teller und die Pfanne schnell um, sodass die Frittata mit der Seite nach oben gebraten wird. Noch etwa 5 Minuten kochen, bis der Teig in der Mitte fest geworden ist. Oder, wenn Sie es lieber nicht umdrehen möchten, schieben Sie die Pfanne 3 bis 5 Minuten lang unter den Grill, bis es nach Geschmack fest wird. Heiß oder bei Zimmertemperatur servieren.

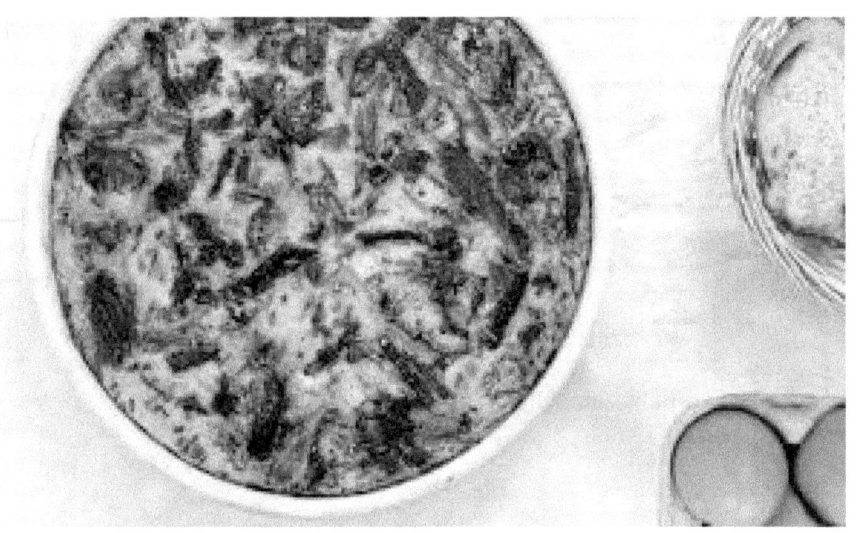

Pilze und Fontina Frittata

Frittata di Funghi e Fontina

Ergibt 4 Portionen

Original Fontina Valle d'Aosta hat ein holziges Pilzaroma und passt gut zu jedem Pilzgericht. Verwenden Sie Wildpilze, wenn Sie diese den weißen vorziehen.

3 Esslöffel ungesalzene Butter

8 Unzen Pilze, halbiert oder geviertelt, falls groß

Salz und frisch gemahlener schwarzer Pfeffer

8 große Eier

2 Esslöffel gehackte frische glatte Petersilie

4 Unzen Fontina Valle d'Aosta, in Scheiben geschnitten

1. In einer beschichteten 9-Zoll-Pfanne die Butter bei mittlerer Hitze schmelzen. Fügen Sie die Pilze sowie Salz und Pfeffer hinzu und schmecken Sie ab. Unter häufigem Rühren ca. 10 Minuten kochen, bis die Pilze leicht gebräunt sind.

2. In einer großen Schüssel die Eier mit der Petersilie verquirlen und mit Salz und Pfeffer abschmecken. Reduzieren Sie die Hitze auf mittlere

Stufe. Die Mischung über die Pilze gießen. Heben Sie die Ränder der Frittata an, während sie fest wird, damit das ungekochte Ei die Oberfläche der Pfanne erreichen kann. Abdecken und kochen, bis die Eier gerade fest, aber in der Mitte noch feucht sind und die Frittata auf der Unterseite leicht gebräunt ist, etwa 5 bis 10 Minuten.

3.Die Käsescheiben darauflegen. Schieben Sie die Pfanne unter den Grill und kochen Sie 1 bis 3 Minuten oder bis der Käse geschmolzen ist und die Eier nach Geschmack fest sind. Oder, wenn Sie möchten, decken Sie die Pfanne ab und lassen Sie es 3 bis 5 Minuten kochen, bis der Käse geschmolzen ist und die Eier nach Geschmack fest sind.

4.Schieben Sie die Frittata auf einen Servierteller. Heiß servieren.

Neapolitanische Spaghetti Frittata

Frittata di Spaghetti

Ergibt 6 Portionen

Bei einem Familientreffen vor einigen Jahren sprach eine entfernte Verwandte über ihre Lieblingsrezepte. Sie beschrieb eine flache goldene Pasta-Torte, gefüllt mit Fleisch und Käse, nach der ihre Kinder ständig verlangten. Ich habe ihre Anweisungen aufgeschrieben und es zu Hause ausprobiert. Es war so gut, wie sie sagte, und ich habe inzwischen erfahren, dass es sich um ein traditionelles neapolitanisches Rezept handelt. Auch wenn man Spaghetti nur für dieses Gericht zubereiten könnte, werden sie traditionell aus Resten zubereitet.

8 große Eier

1/2 Tasse frisch geriebener Parmigiano-Reggiano oder Pecorino Romano

Salz und frisch gemahlener schwarzer Pfeffer

12 Unzen Spaghetti oder andere Nudeln, gekocht und abgetropft

4 Unzen geschnittene Salami, importierter italienischer Prosciutto oder Schinken, in schmale Streifen geschnitten

2 Esslöffel Olivenöl

8 Unzen Mozzarella, in dünne Scheiben geschnitten

1. In einer großen Schüssel Eier, Käse sowie Salz und Pfeffer nach Geschmack verquirlen. Spaghetti und Salami unterrühren.

2. Erhitzen Sie das Öl in einer beschichteten 9-Zoll-Pfanne bei mittlerer Hitze. Die Hälfte der Spaghettimischung hinzufügen. Mit den Käsescheiben bedecken. Die restliche Nudelmischung über den Käse gießen.

3. Reduzieren Sie die Hitze auf niedrig. Kochen Sie die Spaghetti und glätten Sie dabei gelegentlich die Oberfläche, damit die Nudeln zusammenkleben und einen Kuchen bilden. Schieben Sie nach etwa 5 Minuten einen Spatel über den Rand der Pfanne und heben Sie den Kuchen vorsichtig an, um sicherzustellen, dass er nicht klebt. Kochen, bis die Eier fest sind und die Frittata auf der Unterseite leicht gebräunt ist, etwa 15 bis 20 Minuten.

4. Schieben Sie die Frittata auf einen Teller und drehen Sie die Pfanne dann um. Drehen Sie den Teller und die Pfanne schnell um, sodass die Frittata mit der Backseite nach oben liegt. Kochen, bis es gerade in der Mitte fest geworden ist, weitere ca. 5 Minuten. Oder, wenn Sie es lieber nicht umdrehen möchten, schieben Sie die Pfanne 3 bis 5 Minuten lang unter den Grill, bis es nach Geschmack fest wird. Heiß oder bei Zimmertemperatur servieren.

Pasta-Frittata

Frittata di Pasta

Ergibt 4 Portionen

Alle übrig gebliebenen Nudeln können zu dieser köstlichen Frittata recycelt werden. Egal, ob die Nudeln pur oder mit Tomatensauce, Fleischsauce oder Gemüse zubereitet werden, diese Frittata gelingt immer. Improvisieren Sie, indem Sie gehackte Würste, Schinken, Käse oder geschnittenes gekochtes Gemüse hinzufügen. Mengen sind nicht wirklich wichtig.

6 große Eier

1/2 Tasse frisch geriebener Parmigiano-Reggiano

Salz und frisch gemahlener schwarzer Pfeffer

8 Unzen gekochte Nudeln, mit oder ohne Soße

2 Esslöffel Olivenöl

1. In einer großen Schüssel Eier, Käse sowie Salz und Pfeffer nach Geschmack verrühren. Die gekochten Nudeln unterrühren.

2. Erhitzen Sie das Öl in einer beschichteten 9-Zoll-Pfanne bei mittlerer Hitze. Die Nudelmischung dazugeben und flach drücken. Etwa 10

Minuten kochen, bis die Eier gerade fest sind, aber in der Mitte noch feucht sind und die Frittata auf der Unterseite leicht gebräunt ist.

3.Schieben Sie die Frittata auf einen Teller und drehen Sie die Pfanne dann um. Drehen Sie den Teller und die Pfanne schnell um, sodass die Frittata mit der Backseite nach oben liegt. Kochen, bis es gerade in der Mitte fest geworden ist, weitere ca. 5 Minuten. Oder, wenn Sie es lieber nicht umdrehen möchten, schieben Sie die Pfanne 3 bis 5 Minuten lang unter den Grill, bis es nach Geschmack fest wird. Heiß oder bei Zimmertemperatur servieren.

Kleine Omeletts

Frittatine

Ergibt 6 Portionen

Miniatur-Omeletts, die wie Pfannkuchen auf einer Grillplatte zubereitet werden, eignen sich gut als Teil einer Antipasti-Sortierung oder als Sandwichfüllung. Diese Version mit Lauch und Kohl stammt aus dem Piemont.

Etwa 1/4 Tasse Olivenöl

3 Tassen fein geriebener Kohl

1 mittelgroßer Lauch, geputzt und in dünne Scheiben geschnitten

6 große Eier

1/2 Tasse frisch geriebener Parmigiano-Reggiano

1/2 Teelöffel Salz

Frisch gemahlener schwarzer Pfeffer

1. In einer schweren beschichteten 9-Zoll-Pfanne 3 Esslöffel Öl bei mittlerer bis niedriger Hitze erhitzen. Kohl und Lauch unterrühren. Decken Sie die Pfanne ab und kochen Sie den Kohl unter

gelegentlichem Rühren etwa 30 Minuten lang, bis er sehr zart ist. Abkühlen lassen.

2. In einer mittelgroßen Schüssel Eier, Käse sowie Salz und Pfeffer nach Geschmack verrühren. Die Gemüsemischung unterrühren.

3. Eine Grillplatte oder eine große beschichtete Pfanne leicht mit Öl bestreichen. Bei mittlerer Hitze erhitzen.

4. Rühren Sie die Eimischung um und geben Sie 1/4 Tasse davon auf die Grillplatte, wobei Sie die Omeletts etwa 10 cm voneinander entfernt platzieren sollten. Mit der Rückseite eines Löffels leicht flach drücken. Etwa 2 Minuten kochen, bis die Eier fest sind und die Omeletts auf der Unterseite anfangen zu bräunen. Drehen Sie die Omeletts mit einem Pfannkuchenwender um und braten Sie sie auf der anderen Seite noch etwa 1 Minute lang. Die Omeletts auf einen Teller geben.

5. Die restlichen Omeletts auf die gleiche Weise zubereiten. Heiß oder bei Zimmertemperatur servieren.

Ricotta- und Zucchiniblüten-Frittata

Frittata di Fiori und Ricotta

Ergibt 4 Portionen

Zucchiniblüten sind nicht nur schön, sondern auch lecker – das wissen die Italiener nur zu gut. An einem Samstag gab es auf meinem örtlichen Bauernmarkt eine Fülle von Zucchiniblüten. Ich habe etwas gekauft, um es zu stopfen und zu braten, aber ich hatte noch viel übrig, also habe ich diese Frittata mit den restlichen Blumen gemacht. Es war zart und köstlich; Seitdem habe ich es mehrmals zum Brunch gemacht.

Es kann auch nur mit Ricotta zubereitet werden, wenn Sie keine Zucchiniblüten haben.

2 Esslöffel ungesalzene Butter

6 Zucchini- oder andere Kürbisblüten, abgespült und getrocknet

6 große Eier, geschlagen

1/4 Tasse frisch geriebener Parmigiano-Reggiano

Salz und frisch gemahlener Pfeffer

1 Tasse Ricotta

1. In einer beschichteten 9-Zoll-Pfanne die Butter bei mittlerer Hitze schmelzen. Legen Sie die Zucchiniblüten windradförmig in die Pfanne.

2. In einer mittelgroßen Schüssel Eier, Parmigiano und Salz und Pfeffer nach Geschmack verquirlen. Gießen Sie die Mischung vorsichtig über die Blumen, ohne sie zu stören. Geben Sie einen Löffel Ricotta rund um die Pfanne. Heben Sie die Ränder der Frittata an, während sie fest wird, damit das ungekochte Ei die Oberfläche der Pfanne erreichen kann. Etwa 5 bis 10 Minuten kochen, bis die Eier gerade fest, aber in der Mitte noch feucht sind und die Frittata auf der Unterseite leicht gebräunt ist.

3. Schieben Sie die Frittata auf einen Teller und drehen Sie die Pfanne dann um. Drehen Sie den Teller und die Pfanne schnell um, sodass die Frittata mit der Backseite nach oben liegt. Kochen, bis es gerade in der Mitte fest geworden ist, weitere ca. 5 Minuten. Oder, wenn Sie es lieber nicht wenden möchten, schieben Sie die Pfanne 3 bis 5 Minuten lang unter den Grill, oder bis die Eier nach Geschmack fest sind. Heiß oder bei Zimmertemperatur servieren.

Omelettstreifen in Tomatensauce

Fettuccine di Frittata

Ergibt 4 Portionen

Keine Pasta? Kein Problem. Machen Sie eine dünne Frittata und schneiden Sie sie in Streifen, um einer Fettuccine zu ähneln. Obwohl dieses Gericht in ganz Italien als Fettuccine di Frittata bekannt ist, wird es in Rom „Trippe finte" genannt, was „falsche Kutteln" bedeutet, weil die Eierstreifen auf diese Weise gekocht wie Innereien aussehen. Servieren Sie es zum Mittag- oder Abendessen mit einem beliebigen grünen Gemüse der Saison oder einem grünen Salat.

2 Tassen <u>frische Tomatensoße</u> oder <u>Toskanische Tomatensauce</u>

8 große Eier

1/4 Tasse frisch geriebener Parmigiano-Reggiano, plus etwas mehr zum Servieren

1 Esslöffel gehackte frische glatte Petersilie

1 Teelöffel Salz

Frisch gemahlener schwarzer Pfeffer

2 Esslöffel ungesalzene Butter

1. Bereiten Sie bei Bedarf die Tomatensauce vor. Stellen Sie dann einen Rost in die Mitte des Ofens. Heizen Sie den Ofen auf 400 °F vor. Eine 13 × 9 × 2 Zoll große Auflaufform großzügig mit Butter bestreichen.

2. In einer mittelgroßen Schüssel die Eier, 1/4 Tasse Käse, Petersilie, Salz und Pfeffer nach Geschmack verquirlen. Gießen Sie die Eiermischung in die vorbereitete Pfanne. 8 bis 10 Minuten backen oder bis die Eier gerade fest sind und ein in der Mitte eingesetztes Messer sauber herauskommt.

3. Führen Sie ein Messer um den Rand der Pfanne herum. Drehen Sie die Eier um und legen Sie sie auf ein Schneidebrett. Schneiden Sie das Omelett in 1/2-Zoll-Streifen.

4. In einer beschichteten 9-Zoll-Pfanne die Soße bei schwacher Hitze erhitzen, bis sie köchelt. Die Eierstreifen in die Soße gleiten lassen. Unter leichtem Rühren 2 bis 3 Minuten kochen lassen. Heiß mit geriebenem Käse servieren.

Wolfsbarsch mit Olivenkrumen

Branzino alle Olive

Ergibt 4 Portionen

In der gesamten Toskana wachsen Olivenbäume in Hülle und Fülle. Die meisten Oliven werden zu Öl gepresst, aber Köchen stehen immer noch viele aromatische Oliven zur Verfügung. Hier aromatisieren sie die auf den Wolfsbarschfilets verteilten Krümel.

3/4 Tassen einfache, trockene Semmelbrösel, vorzugsweise selbstgemacht

1/3 Tasse fein gehackte milde schwarze Oliven

1 Knoblauchzehe, fein gehackt

1 Esslöffel gehackte frische glatte Petersilie

1 Teelöffel abgeriebene Zitronenschale

Salz

Frisch gemahlener schwarzer Pfeffer

Etwa 1/4 Tasse Olivenöl

1 1/2 Pfund Seebarsch oder andere feste Weißfischfilets, ohne Haut

1. Stellen Sie einen Rost in die Mitte des Ofens. Heizen Sie den Ofen auf 450 °F vor. Eine große Backform einölen.

2. Semmelbrösel, Oliven, Knoblauch, Petersilie, Zitronenschale, eine Prise Salz und schwarzen Pfeffer nach Geschmack in eine Schüssel geben. Das Olivenöl hinzufügen und gut umrühren.

3. Den Fisch in einer einzigen Schicht in der Pfanne anrichten. Die Krümel auf die Filets häufen.

4. Je nach Dicke des Fisches 8 bis 10 Minuten backen oder bis die Krümel goldbraun sind und der Fisch an der dicksten Stelle gerade noch undurchsichtig ist. Sofort servieren.

Wolfsbarsch mit Pilzen

Branzino alla Romana

Ergibt 4 Portionen

Eine leckere Füllung zwischen zwei Fischfilets ohne Knochen zu legen, ist eine gute Möglichkeit, den Geschmack von gefülltem Fisch zu genießen, ohne sich mit Gräten auseinandersetzen zu müssen. Es können alle großen Fischfilets verwendet werden, beispielsweise Lachs, Zackenbarsch oder Blaubarsch. Wählen Sie zwei Filets mit ähnlicher Größe und Form.

4 Esslöffel Olivenöl

3 Frühlingszwiebeln, gehackt

1 Knoblauchzehe, gehackt

8 Unzen weiße Pilze, geputzt und gehackt

2 Sardellenfilets, gehackt

Salz und frisch gemahlener schwarzer Pfeffer

1/2 Tasse trockener Weißwein

2 Esslöffel gehackte frische glatte Petersilie

2 Esslöffel einfache Semmelbrösel

2 Seebarsch-, Zackenbarsch- oder Blaubarschfilets ähnlicher Form (je etwa 3/4 Pfund), ohne Haut

1. Stellen Sie einen Rost in die Mitte des Ofens. Heizen Sie den Ofen auf 400 °F vor. Eine Backform, die groß genug ist, um die gestapelten Filets aufzunehmen, einölen.

2. 3 Esslöffel Öl in eine große Pfanne geben. Die Frühlingszwiebeln und den Knoblauch dazugeben und bei mittlerer Hitze etwa 5 Minuten kochen, bis sie weich sind. Pilze, Sardellen sowie Salz und Pfeffer nach Geschmack unterrühren. 5 Minuten kochen, dabei gelegentlich umrühren. Den Wein hinzufügen und 15 Minuten köcheln lassen, bis die Flüssigkeit verdampft ist. Vom Herd nehmen und Petersilie und Semmelbrösel unterrühren.

3. Ein Filet mit der Hautseite nach unten in die Pfanne legen.

4. Etwa zwei Drittel der Pilzmischung auf dem Filet in der Pfanne verteilen. Das zweite Filet mit der Hautseite nach unten darauf legen und die restliche Pilzmischung darauf verteilen. Mit dem restlichen Esslöffel Öl beträufeln.

5. Je nach Dicke 15 bis 20 Minuten backen oder bis der Fisch an der dicksten Stelle gerade noch undurchsichtig ist. Heiß servieren.

Steinbuttfilets mit Olivenpaste und Tomaten

Rombo mit Pasta d'Olive

Ergibt 4 Portionen

Ein großes Glas schwarze Olivenpaste, das ich aus Italien mitgebracht habe, und einige reife Tomaten inspirierten mich zu diesem leckeren Rezept.

1 1/2 Pfund Steinbutt, Wolfsbarsch oder andere dicke weiße Fischfilets

2 Esslöffel schwarze Olivenpaste oder sehr fein gehackte milde schwarze Oliven

2 mittelgroße Tomaten, gewürfelt

6 frische Basilikumblätter, gerollt und quer in dünne Streifen geschnitten

1. Stellen Sie einen Rost in die Mitte des Ofens. Heizen Sie den Ofen auf 450 °F vor. Eine Backform, die groß genug ist, um die Filets in einer einzigen Schicht aufzunehmen, einölen.

2. Ordnen Sie die Filets in einer einzigen Schicht in der Pfanne an. Die Filets mit der Olivenpaste bestreichen. Tomaten und Basilikum über den Fisch streuen.

3. Je nach Dicke 8 bis 10 Minuten backen, bis der Fisch an der dicksten Stelle gerade noch undurchsichtig ist. Sofort servieren.

Gegrillter Kabeljau

Merluzzo alla Griglia

Ergibt 4 Portionen

Red Snapper, Zackenbarsch und Mahi-Mahi sind weitere gute Optionen für diesen einfachen gegrillten Fisch. Ich serviere es dazu<u>Kartoffelpüree mit Oliven und Petersilie</u>Und<u>Brokkoli mit Öl und Zitrone.</u>

1 1/2 Pfund frisches Kabeljaufilet

3 Esslöffel Olivenöl

2 Esslöffel Rotweinessig

2 Knoblauchzehen, in dünne Scheiben geschnitten

1 Teelöffel getrockneter Oregano, zerbröckelt

Salz und frisch gemahlener schwarzer Pfeffer

2 Esslöffel gehackte frische glatte Petersilie

1 Zitrone, in Spalten geschnitten

1. Heizen Sie den Grill auf höchste Stufe vor. Ölen Sie eine Backform, die groß genug ist, um den Fisch in einer einzigen Schicht aufzunehmen. Legen Sie den Fisch in die Pfanne.

2. Öl, Essig, Knoblauch, Oregano sowie Salz und Pfeffer nach Geschmack verrühren. Die Mischung über die Fischfilets gießen. Mit der Hälfte der Petersilie bestreuen.

3. Den Fisch je nach Dicke 8 bis 10 Minuten grillen oder bis er an der dicksten Stelle gerade noch undurchsichtig ist. Mit der restlichen Petersilie bestreuen. Heiß servieren, mit Zitronenschnitzen.

Fisch im „verrückten Wasser"

Pesce in Acqua Pazza

Ergibt 4 Portionen

Es ist nicht sicher, warum diese neapolitanische Art, Fisch zuzubereiten, „Crazy Water" genannt wird, aber es handelt sich wahrscheinlich um eine Anspielung auf das Meerwasser, das Fischer einst zum Kochen ihres frischen Fangs verwendeten. Obwohl diese Methode normalerweise zum Garen ganzer Fische verwendet wird, eignet sie sich meiner Meinung nach auch gut für Filets. Verwenden Sie eine feste Sorte, die beim Kochen ihre Form behält.

3 Esslöffel Olivenöl

1 Knoblauchzehe, in dünne Scheiben geschnitten

4 Pflaumentomaten, halbiert, entkernt und gehackt

1 Esslöffel gehackte frische glatte Petersilie

Prise zerstoßener roter Pfeffer

1/2 Tasse Wasser

Salz nach Geschmack

1 1/2 Pfund feste Fischfilets wie Wolfsbarsch, Steinbutt oder Red Snapper

1. Gießen Sie das Olivenöl in eine große Pfanne. Den Knoblauch hinzufügen und bei mittlerer Hitze etwa 5 Minuten lang goldbraun braten. Tomaten, Petersilie, rote Paprika, Wasser und Salz nach Geschmack hinzufügen. Zum Kochen bringen und 5 Minuten kochen lassen.

2. Den Fisch in die Pfanne geben und mit der Soße begießen. Abdecken und 5 bis 10 Minuten garen, oder bis der Fisch an der dicksten Stelle gerade noch undurchsichtig ist. Heiß servieren.

Bluefish mit Zitrone und Minze

Pesce Azzurro al Limone

Ergibt 4 Portionen

Da sie einen höheren Fettgehalt als andere Sorten haben, haben dunkelfleischige Fische wie Blaubarsch einen stärkeren Geschmack. Süditaliener kochen sie in einer leckeren und erfrischenden Marinade mit Knoblauch, Minze und Zitrone.

2 große Knoblauchzehen, fein gehackt

3 Esslöffel Olivenöl

1/4 Tasse frischer Zitronensaft

1/2 Teelöffel frisch geriebene Zitronenschale

Salz und frisch gemahlener schwarzer Pfeffer nach Geschmack

1/4 Tasse gehackte frische Minze

1 1/2 Pfund Bluefish- oder Makrelenfilets

1. In einer flachen Schüssel Knoblauch, Olivenöl, Zitronensaft, Zitronenschale sowie Salz und Pfeffer verquirlen. Minze unterrühren. Den Fisch dazugeben und die Filets wenden, sodass sie von allen

Seiten bedeckt sind. Abdecken und 1 Stunde im Kühlschrank marinieren.

2. Heizen Sie den Grill vor. Legen Sie den Fisch mit der Hautseite nach unten in die Grillpfanne. Kochen Sie die Filets einmal mit der Marinade, je nach Dicke des Fisches 8 bis 10 Minuten lang oder bis sie leicht gebräunt und an der dicksten Stelle gerade noch undurchsichtig sind. Der Fisch muss nicht gewendet werden. Heiß servieren.

Gefüllte Sohle

Sogliole Ripiene

Ergibt 4 Portionen

Das Vorhandensein von Rosinen, Pinienkernen und Kapern in dieser leckeren Füllung ist normalerweise ein Zeichen für ein sizilianisches Gericht, obwohl dieses Rezept aus Ligurien stammt. Ganz gleich, woher sie stammt, die Füllung verfeinert schlichte Weißfischfilets. Wählen Sie große, dünne Filets wie Seezunge oder Flunder.

1/2 Tasse einfache Semmelbrösel

2 Esslöffel Pinienkerne

2 Esslöffel Rosinen

2 Esslöffel Kapern, abgespült und abgetropft

1 Esslöffel gehackte frische glatte Petersilie

1 kleine Knoblauchzehe, fein gehackt

3 Esslöffel Olivenöl

2 Esslöffel frischer Zitronensaft

Salz und frisch gemahlener schwarzer Pfeffer

4 große Seezungen-, Flunder- oder andere dünne Filets (ca. 1 1/2 Pfund)

1. Stellen Sie einen Rost in die Mitte des Ofens. Heizen Sie den Ofen auf 400 °F vor. Eine große Backform einölen.

2. Semmelbrösel, Pinienkerne, Rosinen, Kapern, Petersilie und Knoblauch vermischen. 2 Esslöffel Öl, Zitronensaft sowie Salz und Pfeffer nach Geschmack hinzufügen.

3. 2 Esslöffel der Krümelmischung beiseite stellen. Den Rest auf die Hälfte jedes Filets verteilen. Falten Sie die Filets um, um die Füllung zu umschließen. Ordnen Sie die Filets in der Backform an. Mit der zurückbehaltenen Krümelmischung bestreuen. Mit dem restlichen 1 Esslöffel Öl beträufeln.

4. 6 bis 8 Minuten backen oder bis es an der dicksten Stelle gerade noch undurchsichtig ist. Heiß servieren.

Seezungenröllchen mit Basilikum und Mandeln

Sogliola mit Basilikum und Mandorle

Ergibt 4 Portionen

Andrea Felluga vom Weingut Livio Felluga nahm meinen Mann und mich unter seine Fittiche und zeigte uns seine Region Friaul-Julisch Venetien. Eine denkwürdige Stadt, die wir besuchten, war Grado an der Adriaküste. Grado liegt auf einer Insel und war im fünften Jahrhundert ein Zufluchtsort für römische Bürger des nahegelegenen Aquileia, die vor dem Ansturm von Attila dem Hunnen flohen. Heute ist es ein Strandresort, obwohl es offenbar nur wenige Nicht-Italiener zu besuchen scheint, die stattdessen in Scharen ins nahe gelegene Venedig strömen. Die so zubereitete Seezunge haben wir im Restaurant Colussi gegessen, einem lebhaften Restaurant, das typische regionale Gerichte serviert.

4 große Seezungen-, Flunder- oder andere dünne Filets (ca. 1 1/2 Pfund)

Salz und frisch gemahlener schwarzer Pfeffer

6 frische Basilikumblätter, fein gehackt

2 Esslöffel ungesalzene Butter, geschmolzen

1 Esslöffel frischer Zitronensaft

1/4 Tasse gehobelte Mandeln oder Pinienkerne

1. Stellen Sie einen Rost in die Mitte des Ofens. Heizen Sie den Ofen auf 350 °F vor. Eine kleine Auflaufform mit Butter bestreichen.

2. Die Seezungenfilets der Länge nach halbieren. Die Filets mit der Hautseite nach oben auf eine ebene Fläche legen und mit Salz und Pfeffer bestreuen. Mit der Hälfte des Basilikums, Butter und Zitronensaft bestreuen. Beginnen Sie am breiteren Ende und rollen Sie die Fischstücke auf. Legen Sie die Brötchen mit der Naht nach unten in die Auflaufform. Mit restlichem Zitronensaft und Butter beträufeln. Den restlichen Basilikum und die Nüsse darüber streuen.

3. Backen Sie den Fisch 15 bis 20 Minuten lang oder bis er an der dicksten Stelle gerade noch undurchsichtig ist. Heiß servieren.

Marinierter Thunfisch nach sizilianischer Art

Tonno Condito

Ergibt 4 Portionen

Der Thunfisch in diesem Rezept wird nur sanft gedünstet und dann mit frischen Kräutern und Gewürzen gewürzt. Es ergibt ein kühles und erfrischendes Sommeressen, serviert auf einem Bett aus Babysalat oder Rucola mit Kartoffelsalat.

1 1/4 Pfund Thunfischsteaks, etwa 3/4 Zoll dick

2 Esslöffel Rotweinessig

Salz

3 bis 4 Esslöffel natives Olivenöl extra

1 Knoblauchzehe, fein gehackt

2 Esslöffel gehackte frische glatte Petersilie

1 Esslöffel gehackte frische Minze

1/2 Teelöffel zerstoßener roter Pfeffer

1. Füllen Sie einen Topf, der in einen Dampfgarer passt, mit 1/2 Zoll Wasser. Bringen Sie das Wasser zum Kochen. In der Zwischenzeit den

Thunfisch in 1/2 Zoll dicke Streifen schneiden. Den Fisch auf dem Dampfgarer verteilen. Stellen Sie das Gestell in den Topf. Decken Sie den Topf ab und lassen Sie den Thunfisch 3 Minuten lang dämpfen, bis er in der Mitte leicht rosa ist. Testen Sie den Gargrad, indem Sie einen kleinen Einschnitt in die dickste Stelle des Fisches machen.

2. In einer tiefen Schüssel Essig und Salz verrühren. Öl, Knoblauch, Kräuter und zerstoßenen roten Pfeffer hinzufügen. Die Thunfischstücke unterrühren.

3. Vor dem Servieren etwa 1 Stunde stehen lassen.

Aufgespießter Thunfisch mit Orange

Spiedini di Tonno

Ergibt 4 Portionen

Jedes Frühjahr versammeln sich sizilianische Fischer zum La Mattanza, dem Thunfischfang. Bei diesem rituellen Angelmarathon sind zahlreiche kleine Boote voller Männer beteiligt, die die wandernden Thunfische in eine Reihe immer kleinerer Netze treiben, bis sie gefangen sind. Anschließend werden die riesigen Fische getötet und an Bord der Boote verfrachtet. Der Prozess ist mühsam und während der Arbeit singen die Männer besondere Gesänge, die Historiker auf das Mittelalter oder sogar noch früher datieren. Obwohl dieser Brauch immer mehr verschwindet, gibt es an der Nord- und Westküste immer noch einige Orte, an denen La Mattanza stattfindet.

Die Sizilianer haben unzählige Möglichkeiten, Thunfisch zuzubereiten. Bei diesem Gericht leitet der Duft der gegrillten Orange und der Kräuter den verführerischen Geschmack der festfleischigen Fischstücke ein.

1 1/2 Pfund frische Thunfisch-, Schwertfisch- oder Lachssteaks (ca. 2,5 cm dick)

1 Nabelorange, in 16 Stücke geschnitten

1 kleine rote Zwiebel, in 16 Stücke geschnitten

2 Esslöffel Olivenöl

2 Esslöffel frischer Zitronensaft

1 Esslöffel gehackter frischer Rosmarin

Salz und frisch gemahlener schwarzer Pfeffer

6 bis 8 Lorbeerblätter

1. Schneiden Sie den Thunfisch in 3,5 cm große Stücke. In einer großen Schüssel die Thunfisch-, Orangen- und roten Zwiebelstücke mit Olivenöl, Zitronensaft, Rosmarin sowie Salz und Pfeffer nach Geschmack vermengen.

2. Platzieren Sie den Barbecue-Grill oder Grillrost etwa 5 Zoll von der Wärmequelle entfernt. Heizen Sie den Grill oder Grill vor.

3. Thunfisch, Orangenstücke, Zwiebeln und Lorbeerblätter abwechselnd auf 8 Spieße stecken.

4. Grillen oder grillen Sie den Thunfisch etwa 3 bis 4 Minuten lang, bis er braun ist. Drehen Sie die Spieße und braten Sie sie noch etwa 2 Minuten lang, bis sie außen gebräunt, in der Mitte aber noch rosa sind, oder bis sie fertig sind, je nach Geschmack. Heiß servieren.

Gegrillter Thunfisch und Paprika nach Molise-Art

Tonno und Peperoni

Ergibt 4 Portionen

Paprika und Chili sind eines der Markenzeichen der Küche im Molise-Stil. Ich habe dieses Gericht zuerst mit Sgombri zubereitet, die Makrelen ähneln, aber ich mache es oft mit Thunfischsteaks oder Schwertfisch.

4 rote oder gelbe Paprika

4 Thunfischsteaks (jeweils etwa 3/4 Zoll dick)

2 Esslöffel Olivenöl

Salz und frisch gemahlener schwarzer Pfeffer

1 Esslöffel frischer Zitronensaft

2 Esslöffel gehackte frische glatte Petersilie

1 kleiner Jalapeno oder ein anderer frischer Chili, fein gehackt oder zerstoßener roter Pfeffer nach Geschmack

1 Knoblauchzehe, fein gehackt

1. Stellen Sie den Grillrost oder die Grillpfanne etwa 5 Zoll von der Hitzequelle entfernt auf. Bereiten Sie ein mittelheißes Feuer in einem Barbecue-Grill vor oder heizen Sie den Grill vor.

2. Grillen oder grillen Sie die Paprika unter häufigem Wenden etwa 15 Minuten lang, bis die Schale Blasen bildet und leicht verkohlt ist. Legen Sie die Paprika in eine Schüssel und bedecken Sie sie mit Folie oder Plastikfolie.

3. Die Thunfischsteaks mit Öl bestreichen und mit Salz und Pfeffer abschmecken. Den Fisch ca. 2 Minuten grillen oder braten, bis er auf einer Seite gebräunt ist. Drehen Sie den Fisch mit einer Zange um und kochen Sie ihn etwa zwei Minuten lang oder bis er gar ist, bis er auf der anderen Seite gebräunt, in der Mitte aber noch rosa ist. Testen Sie den Gargrad, indem Sie einen kleinen Einschnitt in die dickste Stelle des Fisches machen.

4. Die Paprika entkernen, schälen und entkernen. Schneiden Sie die Paprika in 1/2-Zoll-Streifen und legen Sie sie in eine Schüssel. Mit 2 Esslöffeln Öl, Zitronensaft, Petersilie, Chili, Knoblauch und Salz abschmecken. Vorsichtig umrühren.

5. Den Fisch in 1/2-Zoll-Scheiben schneiden. Die Scheiben leicht überlappend auf einem Servierteller anrichten. Die Paprika darüber geben. Warm servieren.

Gegrillter Thunfisch mit Zitrone und Oregano

Tonno alla Griglia

Ergibt 4 Portionen

Als ich 1970 zum ersten Mal Sizilien besuchte, gab es nicht viele Restaurants; die, die es gab, schienen alle das gleiche Menü zu servieren. Ich habe praktisch zu jedem Mittag- und Abendessen entweder auf diese Weise zubereitete Thunfisch- oder Schwertfischsteaks gegessen. Zum Glück war es immer gut vorbereitet. Die Sizilianer schneiden die Fischsteaks nur etwa 1/2 Zoll dick, aber ich bevorzuge sie mit einer Dicke von etwa 1 Zoll, damit sie nicht so leicht verkochen. Thunfisch ist am besten saftig und zart, wenn er in der Mitte rot bis rosa gegart wird, während Schwertfisch nur leicht rosa sein sollte. Da der Knorpel des Hais zart gemacht werden muss, kann er etwas länger gekocht werden.

4 Thunfisch-, Schwertfisch- oder Haisteaks, etwa 2,5 cm dick

Olivenöl

Salz und frisch gemahlener schwarzer Pfeffer

1 Esslöffel frisch gepresster Zitronensaft

1/2 Teelöffel getrockneter Oregano

1. Stellen Sie einen Barbecue-Grill oder Grillrost etwa 5 Zoll von der Wärmequelle entfernt auf. Heizen Sie den Grill oder Grill vor.

2. Die Steaks großzügig mit Öl bestreichen und mit Salz und Pfeffer abschmecken.

3. Den Fisch 2 bis 3 Minuten grillen, bis er auf einer Seite leicht gebräunt ist. Drehen Sie den Fisch um und kochen Sie ihn noch etwa 2 Minuten lang, bis er leicht gebräunt, aber innen noch rosa ist, oder bis er gar ist, je nach Geschmack. Testen Sie den Gargrad, indem Sie einen kleinen Einschnitt in die dickste Stelle des Fisches machen.

4. In einer kleinen Schüssel 3 Esslöffel Olivenöl, Zitronensaft, Oregano sowie Salz und Pfeffer nach Geschmack verrühren. Die Zitronensaftmischung über die Thunfischsteaks gießen und sofort servieren.

Knusprig gegrillte Thunfischsteaks

Tonno alla Griglia

Ergibt 4 Portionen

Semmelbrösel ergeben eine schöne knusprige Kruste auf diesen Fischsteaks.

4 (1 Zoll dick) Thunfisch- oder Schwertfischsteaks

3/4 Tasse einfache, trockene Semmelbrösel

1 Esslöffel gehackte frische glatte Petersilie

1 Esslöffel gehackte frische Minze oder 1 Teelöffel getrockneter Oregano

Salz und frisch gemahlener schwarzer Pfeffer

4 Esslöffel Olivenöl

Zitronenscheiben

1. Heizen Sie den Grill vor. Fetten Sie die Grillpfanne ein. In einer Schüssel Semmelbrösel, Petersilie, Minze sowie Salz und Pfeffer nach Geschmack vermischen. Rühren Sie 3 Esslöffel Öl ein, oder genug, um die Krümel zu befeuchten.

2. Ordnen Sie die Fischsteaks auf der Grillpfanne an. Die Hälfte der Krümel auf den Fisch streuen und einklopfen.

3. Die Steaks etwa 15 cm von der Flamme entfernt 3 Minuten braten, oder bis die Krümel gebräunt sind. Die Steaks mit einem Metallspatel vorsichtig wenden und mit den restlichen Krümeln bestreuen. Weitere 2 bis 3 Minuten grillen oder bis die Mitte noch rosa ist, oder bis es fertig ist, je nach Geschmack. Testen Sie den Gargrad, indem Sie einen kleinen Einschnitt in die dickste Stelle des Fisches machen.

4. Mit dem restlichen 1 Esslöffel Öl beträufeln. Heiß servieren, mit Zitronenspalten.

Gebratener Thunfisch mit Rucola-Pesto

Tonno al Pesto

Ergibt 4 Portionen

Der würzige Rucola-Geschmack und die leuchtend smaragdgrüne Farbe dieser Sauce sind eine perfekte Ergänzung zu frischem Thunfisch oder Schwertfisch. Dieses Gericht schmeckt auch bei kühler Zimmertemperatur.

4 Thunfischsteaks, etwa 2,5 cm dick

Olivenöl

Salz und frisch gemahlener schwarzer Pfeffer

Rucola Pesto

1 Bund Rucola, gewaschen und entstielt (ca. 2 Tassen leicht verpackt)

1/2 Tasse leicht verpacktes frisches Basilikum

2 Knoblauchzehen

1/2 Tasse Olivenöl

Salz und frisch gemahlener schwarzer Pfeffer

1. Reiben Sie den Fisch mit etwas Öl und Salz und Pfeffer nach Geschmack ein. Abdecken und bis zum Kochen im Kühlschrank aufbewahren.

2. Um das Pesto zuzubereiten: In einer Küchenmaschine Rucola, Basilikum und Knoblauch vermischen und fein hacken. Das Öl langsam hinzufügen und glatt rühren. Mit Salz und Pfeffer abschmecken. Abdecken und 1 Stunde bei Zimmertemperatur stehen lassen.

3. In einer großen beschichteten Pfanne 1 Esslöffel Öl bei mittlerer Hitze erhitzen. Fügen Sie die Thunfischscheiben hinzu und braten Sie sie 2 bis 3 Minuten pro Seite oder bis sie außen gebräunt, aber in der Mitte noch rosa sind, oder bis sie fertig sind, je nach Geschmack. Testen Sie den Gargrad, indem Sie einen kleinen Einschnitt in die dickste Stelle des Fisches machen.

4. Den Thunfisch heiß oder bei Zimmertemperatur servieren und mit dem Rucola-Pesto beträufeln.

Thunfisch-Cannellini-Bohneneintopf

Stufato di Tonno

Ergibt 4 Portionen

Im Winter koche ich eher Fleisch als Meeresfrüchte, weil Fleisch bei kaltem Wetter sättigender erscheint. Die Ausnahme bildet dieser Eintopf aus frischen, fleischigen Thunfischsteaks und Bohnen. Es hat alle Eigenschaften zum Anhaften an Rippchen und den guten Geschmack eines Bohneneintopfs, jedoch ohne Fleisch, was es perfekt für Menschen macht, die fleischlose Mahlzeiten bevorzugen.

2 Esslöffel Olivenöl

11/2 Pfund frischer Thunfisch (1 Zoll dick), in 11/2 Zoll große Stücke geschnitten

Salz und frisch gemahlener schwarzer Pfeffer nach Geschmack

1 große rote oder grüne Paprika, in mundgerechte Stücke geschnitten

1 Tasse geschälte Tomaten aus der Dose, abgetropft und gehackt

1 große Knoblauchzehe, fein gehackt

6 frische Basilikumblätter, in Stücke gerissen

1 (16 Unzen) Dose Cannellini-Bohnen, abgespült und abgetropft, oder 2 Tassen gekochte getrocknete Bohnen

1. Das Öl in einer großen Pfanne bei mittlerer Hitze erhitzen. Tupfen Sie die Thunfischstücke mit Papiertüchern trocken. Wenn das Öl heiß ist, fügen Sie die Thunfischstücke hinzu, ohne die Pfanne zu füllen. Kochen, bis die Stücke außen leicht gebräunt sind, etwa 6 Minuten. Den Thunfisch auf einen Teller geben. Mit Salz und Pfeffer bestreuen.

2. Geben Sie die Paprika in die Pfanne und kochen Sie sie unter gelegentlichem Rühren etwa 10 Minuten lang, bis sie anfängt zu bräunen. Tomaten, Knoblauch, Basilikum sowie Salz und Pfeffer hinzufügen. Zum Kochen bringen. Die Bohnen hinzufügen, abdecken und die Hitze auf eine niedrige Stufe reduzieren. 10 Minuten kochen lassen.

3. Den Thunfisch einrühren und kochen, bis der Thunfisch in der Mitte leicht rosa ist, weitere etwa 2 Minuten oder bis er gar ist, je nach Geschmack. Testen Sie den Gargrad, indem Sie einen kleinen Einschnitt in die dickste Stelle des Fisches machen. Heiß servieren.

Sizilianischer Schwertfisch mit Zwiebeln

Pesce Spada a Sfinciuni

Ergibt 4 Portionen

Sizilianische Köche bereiten eine köstliche Pizza namens Sfinciuni zu, ein Wort, das aus dem Arabischen stammt und „leicht" oder „luftig" bedeutet. Die Pizza hat eine dicke, aber leichte Kruste und ist mit Zwiebeln, Sardellen und Tomatensauce belegt. Dieses traditionelle Schwertfischrezept ist von dieser Pizza abgeleitet.

3 Esslöffel Olivenöl

1 mittelgroße Zwiebel, in dünne Scheiben geschnitten

4 Sardellenfilets, gehackt

1 Tasse geschälte, entkernte und gehackte frische Tomaten oder abgetropfte und gehackte Tomaten aus der Dose

Eine Prise getrockneter Oregano, zerbröckelt

Salz und frisch gemahlener schwarzer Pfeffer nach Geschmack

4 Schwertfischsteaks, etwa 3/4 Zoll dick

2 Esslöffel einfache, trockene Semmelbrösel

1. Gießen Sie 2 Esslöffel Öl in eine mittelgroße Pfanne. Fügen Sie die Zwiebel hinzu und kochen Sie sie etwa 5 Minuten lang, bis sie weich ist. Die Sardellen einrühren und weitere 5 Minuten garen, bis sie sehr zart sind. Tomaten, Oregano, Salz und Pfeffer hinzufügen und 10 Minuten köcheln lassen.

2. Stellen Sie einen Rost in die Mitte des Ofens. Heizen Sie den Ofen auf 350 °F vor. Ölen Sie eine Backform, die groß genug ist, um den Fisch in einer einzigen Schicht aufzunehmen.

3. Die Schwertfischsteaks trocken tupfen. Legen Sie sie in die vorbereitete Pfanne. Mit Salz und Pfeffer bestreuen. Die Soße darüberlöffeln. Die Semmelbrösel mit dem restlichen 1 Esslöffel Öl vermischen. Streuen Sie die Krümel über die Soße.

4. 10 Minuten backen oder bis der Fisch in der Mitte leicht rosa ist. Testen Sie den Gargrad, indem Sie einen kleinen Einschnitt in die dickste Stelle des Fisches machen. Heiß servieren.

Schwertfisch mit Artischocken und Zwiebeln

Pesce Spada con Carciofi

Ergibt 4 Portionen

Artischocken sind ein beliebtes sizilianisches Gemüse. Sie gedeihen unter den heißen, trockenen Bedingungen Siziliens und werden von den Menschen in ihren Hausgärten als Zierpflanze angebaut. Die sizilianische Sorte wird nicht so groß wie die Riesen, die ich manchmal auf den Märkten hier sehe, und ist viel zarter.

2 mittelgroße Artischocken

2 Esslöffel Olivenöl

4 dicke Schwertfisch-, Thunfisch- oder Haisteaks

Salz und frisch gemahlener schwarzer Pfeffer

2 mittelgroße Zwiebeln

4 Sardellenfilets, gehackt

1/4 Tasse Tomatenmark

1 Tasse Wasser

1/2 Teelöffel getrockneter Oregano

1. Schneiden Sie die Artischocken bis auf den zentralen Kegel aus hellgrünen Blättern ab. Mit einem kleinen Gemüsemesser den Boden und die Stiele der Artischocken schälen. Schneiden Sie die Stielenden ab. Die Artischocken der Länge nach halbieren. Nehmen Sie die Chokes heraus. Die Herzen in dünne Scheiben schneiden.

2. In einer großen Pfanne das Öl bei mittlerer Hitze erhitzen. Den Schwertfisch trocken tupfen und ca. 5 Minuten braten, bis er auf beiden Seiten gebräunt ist. Mit Salz und Pfeffer bestreuen. Den Fisch auf einen Teller legen.

3. Zwiebeln und Artischocken in die Pfanne geben. Bei mittlerer Hitze unter häufigem Rühren ca. 5 Minuten kochen, bis die Zwiebeln zusammengefallen sind. Sardellen, Tomatenmark, Wasser, Oregano sowie Salz und Pfeffer nach Geschmack hinzufügen. Zum Köcheln bringen und die Hitze reduzieren. 20 Minuten kochen oder bis das Gemüse weich ist, dabei gelegentlich umrühren.

4. Schieben Sie das Gemüse an den äußeren Rand der Pfanne und legen Sie den Fisch wieder in die Pfanne. Den Fisch mit der Soße begießen. 1 bis 2 Minuten kochen lassen oder bis der Fisch durchgewärmt ist. Sofort servieren.

Schwertfisch nach Messina-Art

Pesce Spada Messinese

Ergibt 4 Portionen

In den Gewässern rund um Sizilien wird hervorragender Schwertfisch gefangen, und die Sizilianer haben unzählige Möglichkeiten, ihn zuzubereiten. Der Fisch wird roh verzehrt, hauchdünn geschnitten in einer Art Carpaccio oder zu Würstchen zermahlen, die in Tomatensoße gegart werden. Schwertfischwürfel werden mit Nudeln vermengt, wie Fleisch gebraten oder auf dem Grill gegrillt. Dies ist ein klassisches Rezept aus Messina an der Ostküste Siziliens.

1 Pfund kochende Kartoffeln

2 Esslöffel Olivenöl

1 große Zwiebel, gehackt

1/2 Tasse entkernte schwarze Oliven, grob gehackt

2 Esslöffel Kapern, abgespült und abgetropft

2 Tassen geschälte, entkernte und gehackte Tomaten oder abgetropfte und gehackte Tomaten aus der Dose

Salz und frisch gemahlener schwarzer Pfeffer

2 Esslöffel gehackte glatte Petersilie

4 Schwertfischsteaks, 1 Zoll dick

1. Schrubben Sie die Kartoffeln und legen Sie sie in einen Topf mit kaltem Wasser, sodass sie bedeckt sind. Bringen Sie das Wasser zum Kochen und kochen Sie es etwa 20 Minuten lang, bis die Kartoffeln weich sind. Abgießen, etwas abkühlen lassen, dann die Kartoffeln schälen. Schneiden Sie sie in dünne Scheiben.

2. Gießen Sie das Öl in einen großen Topf. Fügen Sie die Zwiebel hinzu und kochen Sie sie unter häufigem Rühren bei mittlerer Hitze etwa 10 Minuten lang, bis sie weich ist. Oliven, Kapern und Tomaten unterrühren. Mit Salz und Pfeffer abschmecken. Etwa 15 Minuten kochen, bis es leicht eingedickt ist. Petersilie unterrühren.

3. Stellen Sie einen Rost in die Mitte des Ofens. Heizen Sie den Ofen auf 425 °F vor. Geben Sie die Hälfte der Soße in eine Backform, die groß genug ist, um den Fisch in einer einzigen Schicht aufzunehmen. Den Schwertfisch in der Pfanne anrichten und mit Salz und Pfeffer bestreuen. Legen Sie die Kartoffeln darauf und überlappen Sie die Scheiben leicht. Die restliche Soße darüber geben.

4. 10 Minuten backen oder bis der Fisch in der Mitte leicht rosa ist und die Soße Blasen wirft. Heiß servieren.

Schwertfischrollen

Rollatini von Pesce Spada

Ergibt 6 Portionen

Wie Kalbs- oder Hähnchenkoteletts lassen sich sehr dünne Scheiben fleischiger Schwertfische gut um eine Füllung wickeln und auf dem Grill oder Grill zubereiten. Variieren Sie die Füllung, indem Sie Rosinen, gehackte Oliven oder Pinienkerne hinzufügen.

1/2 Pfund Schwertfisch, in sehr dünne Scheiben geschnitten

3/4 Tasse einfache, trockene Semmelbrösel

2 Esslöffel Kapern, abgespült, gehackt und abgetropft

2 Esslöffel gehackte frische glatte Petersilie

1 große Knoblauchzehe, fein gehackt

Salz und frisch gemahlener schwarzer Pfeffer

1/4 Tasse Olivenöl

2 Esslöffel frischer Zitronensaft

1 Zitrone, in Spalten geschnitten

1. Stellen Sie einen Barbecue-Grill oder Grillrost etwa 5 Zoll von der Wärmequelle entfernt auf. Heizen Sie den Grill oder Grill vor.

2. Entfernen Sie die Haut des Schwertfischs. Legen Sie die Scheiben zwischen zwei Lagen Plastikfolie. Schlagen Sie die Scheiben vorsichtig auf eine gleichmäßige Dicke von 0,6 cm. Den Fisch in 3 x 2 Zoll große Stücke schneiden.

3. In einer mittelgroßen Schüssel Semmelbrösel, Kapern, Petersilie, Knoblauch sowie Salz und Pfeffer nach Geschmack vermischen. 3 Esslöffel Öl hinzufügen und verrühren, bis die Krümel gleichmäßig angefeuchtet sind.

4. Geben Sie einen Esslöffel der Krümelmischung auf ein Ende eines Fischstücks. Rollen Sie den Fisch auf und befestigen Sie ihn mit einem Zahnstocher. Die Brötchen auf einen Teller legen.

5. Den Zitronensaft und das restliche Öl verrühren. Die Mischung über die Brötchen streichen. Bestreuen Sie den Fisch mit der restlichen Semmelbröselmischung und tupfen Sie ihn so, dass er festklebt.

6. Grillen Sie die Brötchen auf jeder Seite 3 bis 4 Minuten oder bis sie gebräunt sind und sich beim Drücken fest anfühlen und in der Mitte leicht rosa sind. Sie sollten etwas selten sein. Testen Sie den Gargrad, indem Sie einen kleinen Einschnitt in die dickste Stelle des Fisches machen. Heiß mit Zitronenspalten servieren.

Gebratener Steinbutt mit Gemüse

Rombo al Forno con Verdure

Ergibt 4 Portionen

Kalabrien hat eine lange Küste am Mittelmeer. Im Sommer ist diese Region bei Italienern und anderen Europäern beliebt, die einen preiswerten Strandurlaub suchen. Mein Mann und ich fuhren einmal an der Küste in der Nähe von Scalea entlang und aßen in einem lokalen Restaurant mit einem großen Holzofen. Als wir ankamen, war der Koch gerade dabei, große Pfannen mit in Olivenöl gebratenem Gemüse und frischen Felchen darauf zu holen. Das Gemüse wurde braun und verleiht dem Fisch seinen köstlichen Geschmack. Zu Hause verwende ich Steinbutt, wenn ich ihn finde, aber auch andere Felchensteaks wären gut.

1 rote Paprika, in 2,5 cm große Stücke geschnitten

1 mittelgroße Zucchini, in 2,5 cm große Stücke geschnitten

1 mittelgroße Aubergine, in 2,5 cm große Stücke geschnitten

4 mittelkochende Kartoffeln, in 2,5 cm große Stücke geschnitten

1 mittelgroße Zwiebel, in 2,5 cm große Stücke geschnitten

1 Lorbeerblatt

1/4 Tasse plus 1 Esslöffel Olivenöl

Salz und frisch gemahlener schwarzer Pfeffer

4 dicke Steinbutt-, Heilbutt- oder andere Felchensteaks

1 Esslöffel Zitronensaft

2 Esslöffel gehackte frische glatte Petersilie

1. Stellen Sie einen Rost in die Mitte des Ofens. Heizen Sie den Ofen auf 425 °F vor. Wählen Sie eine Backform, die groß genug ist, um den Fisch und das Gemüse in einer einzigen Schicht aufzunehmen, oder verwenden Sie zwei kleinere Pfannen. In der Pfanne Paprika, Zucchini, Auberginen, Kartoffeln, Zwiebeln und Lorbeerblatt vermischen. Mit 1/4 Tasse Olivenöl bestreuen und mit Salz und Pfeffer abschmecken. Gut umrühren.

2. Backen Sie das Gemüse 40 Minuten lang oder bis es leicht gebräunt und zart ist.

3. Legen Sie die Fischsteaks auf einen Teller und bestreuen Sie sie mit dem restlichen 1 Esslöffel Öl, Zitronensaft, Petersilie sowie Salz und Pfeffer nach Geschmack. Schieben Sie das Gemüse an den äußeren Rand der Pfanne und geben Sie den Fisch hinein. Je nach Dicke des Fisches weitere 8 bis 10 Minuten backen, bis er an der dicksten Stelle gerade noch undurchsichtig ist. Heiß servieren.

Gebratener Wolfsbarsch mit Knoblauchgrün

Branzino alle Verdure

Ergibt 4 Portionen

Rosinen und mit Knoblauch aromatisiertes Gemüse wie Mangold, Spinat und Eskariol sind eine beliebte Kombination von Rom bis nach Süditalien. Dieses Rezept wurde von einem Gericht meines Freundes, Chefkoch Mauro Mafrici, inspiriert, der das Gemüse mit knusprig gebratenen Fischfilets und Bratkartoffeln serviert.

1 Bund Eskariol (ca. 1 Pfund)

3 Esslöffel Olivenöl

3 Knoblauchzehen, in dünne Scheiben geschnitten

Prise zerstoßener roter Pfeffer

1/4 Tasse Rosinen

Salz

11/4 Pfund chilenischer Wolfsbarsch, Kabeljau oder anderes festes Filet ohne Haut, etwa 11/2 Zoll dick

1. Trennen Sie die Blätter und waschen Sie die Eskariole mehrmals mit kaltem Wasser. Achten Sie dabei besonders auf die weißen Rippen in der Mitte, in denen sich Erde ansammelt. Stapeln Sie die Blätter und schneiden Sie sie quer in 1-Zoll-Streifen.

2. 2 Esslöffel Olivenöl in einen großen Topf geben. Den Knoblauch und die rote Paprika hinzufügen. Bei mittlerer Hitze ca. 2 Minuten kochen, bis der Knoblauch goldbraun ist.

3. Eskariol, Rosinen und eine Prise Salz hinzufügen. Decken Sie den Topf ab und kochen Sie es unter gelegentlichem Rühren etwa 10 Minuten lang, bis das Eskariol weich ist. Abschmecken und nachwürzen.

4. Den Fisch abspülen und trocken tupfen. Die Stücke mit Salz und Pfeffer bestreuen. In einer mittelgroßen beschichteten Pfanne den restlichen Esslöffel Öl bei mittlerer Hitze erhitzen. Die Fischstücke mit der Hautseite nach oben dazugeben. 4 bis 5 Minuten kochen, bis der Fisch goldbraun ist. Decken Sie die Pfanne ab und kochen Sie weitere 2 bis 3 Minuten oder bis der Fisch in der Mitte gerade noch undurchsichtig ist. Testen Sie den Gargrad, indem Sie einen kleinen Einschnitt in die dickste Stelle des Fisches machen. Der Fisch muss nicht gewendet werden.

5. Geben Sie die Eskariole mit einem Schaumlöffel auf 4 Servierteller. Den Fisch mit der gebräunten Seite nach oben darauflegen. Heiß servieren.

Scrod mit würziger Tomatensauce

Merluzzo in Salsa di Pomodoro

Ergibt 4 Portionen

Wir haben diesen Fisch bei neapolitanischen Freunden zu Hause gegessen, begleitet von Falanghina, einem köstlichen Weißwein aus der Region. Couscous passt gut zum Fisch.

2 Esslöffel Olivenöl

1 mittelgroße Zwiebel, in dünne Scheiben geschnitten

Prise zerstoßener roter Pfeffer

2 Tassen Dosentomaten mit ihrem Saft, gehackt

Eine Prise getrockneter Oregano, zerbröckelt

Salz

1 1/4 Pfund Scrod- oder Zackenbarschfilets, in Portionsstücke geschnitten

1/2 Teelöffel abgeriebene Zitronenschale

1. Gießen Sie das Öl in eine mittelgroße Pfanne. Zwiebel und rote Paprika hinzufügen. Unter häufigem Rühren bei mittlerer Hitze etwa 10 Minuten kochen, bis die Zwiebel zart und goldbraun ist. Tomaten,

Oregano und Salz hinzufügen und etwa 15 Minuten köcheln lassen, bis die Sauce eingedickt ist.

2. Spülen Sie den Fisch ab, tupfen Sie ihn trocken und bestreuen Sie ihn anschließend mit Salz. Den Fisch in die Pfanne geben und mit der Soße begießen. Abdecken und je nach Dicke des Fisches 8 bis 10 Minuten garen, bis er an der dicksten Stelle gerade noch undurchsichtig ist.

3. Den Fisch mit einem Schaumlöffel auf eine Servierplatte geben. Wenn der Fisch viel Flüssigkeit abgegeben hat, erhöhen Sie die Hitze unter der Pfanne und kochen Sie unter häufigem Rühren, bis die Sauce eingedickt ist.

4. Die Soße vom Herd nehmen und die Zitronenschale unterrühren. Die Sauce über den Fisch geben und sofort servieren.

Lachs-Carpaccio

Carpaccio vom Lachs

Ergibt 4 Portionen

Unter Carpaccio versteht man üblicherweise hauchdünne Scheiben rohes Rindfleisch, serviert mit einer cremigen rosa Soße. Das Rezept wurde angeblich vor etwa hundert Jahren von einem venezianischen Gastronomen erfunden, der eine Lieblingskundin verwöhnen wollte, deren Arzt ihr geraten hatte, gekochte Speisen zu meiden. Der Gastronom benannte das Gericht nach Vittore Carpaccio, einem Maler, dessen Werke damals ausgestellt waren.

Heutzutage wird der Begriff Carpaccio für dünn geschnittene rohe und gekochte Lebensmittel verwendet. Diese dünnen Lachskoteletts werden nur auf einer Seite gegart, damit sie saftig bleiben und ihre Form behalten.

4 Tassen Brunnenkresse

3 Esslöffel natives Olivenöl extra

1 Esslöffel frischer Zitronensaft

1/2 Teelöffel abgeriebene Zitronenschale

Salz und frisch gemahlener schwarzer Pfeffer

1 Pfund Lachsfilet, in dünne Scheiben schneiden, ähnlich wie Koteletts

1 Frühlingszwiebel, fein gehackt

1. Spülen Sie die Brunnenkresse mehrmals mit kaltem Wasser ab. Entfernen Sie die harten Stiele und trocknen Sie die Blätter gründlich ab. In mundgerechte Stücke reißen und in eine Schüssel geben.

2. In einer Schüssel 2 Esslöffel Öl, Zitronensaft, Zitronenschale sowie Salz und Pfeffer nach Geschmack verrühren.

3. 1 Esslöffel Öl in einer großen beschichteten Pfanne bei starker Hitze erhitzen. Fügen Sie gerade so viel Fisch hinzu, wie in eine einzelne Schicht passt. Etwa 1 Minute lang braten, bis die Unterseite leicht gebräunt, die Oberseite aber noch braun ist. Nehmen Sie den Lachs mit einem großen Spatel aus der Pfanne und legen Sie ihn mit der gebräunten Seite nach oben auf eine große Servierplatte. Mit Salz und Pfeffer abschmecken und mit der Hälfte der Frühlingszwiebeln bestreuen. Den restlichen Lachs auf die gleiche Weise kochen und auf die Platte geben. Mit der restlichen Zwiebel belegen.

4. Die Brunnenkresse mit dem Dressing vermengen. Den Salat auf den Lachs schichten. Sofort servieren.

Lachssteaks mit Wacholderbeeren und roten Zwiebeln

Lachs al Ginepro

Ergibt 4 Portionen

Wacholderbeeren sind das typische Aroma in Gin und werden oft zum Würzen von Wildeintöpfen verwendet. Sie finden sie auf vielen Märkten, die Gourmetgewürze verkaufen. In diesem Lachsgericht, das ich zum ersten Mal in Venedig gegessen habe, werden süße rote Zwiebeln und Wacholder so lange gekocht, bis die Zwiebeln schmelzend weich sind und eine Sauce für den Lachs ergeben.

3 Esslöffel Olivenöl

4 Lachssteaks, etwa 3/4 Zoll dick

Salz und frisch gemahlener schwarzer Pfeffer

2 mittelgroße rote Zwiebeln, in dünne Scheiben geschnitten

1/2 Teelöffel Wacholderbeeren

1/2 Tasse trockener Weißwein

1. In einer mittelgroßen Pfanne das Öl bei mittlerer Hitze erhitzen. Die Lachssteaks trocken tupfen und in die Pfanne legen. Etwa 3 Minuten braten, bis es braun ist. Die Lachssteaks wenden und auf der anderen

Seite noch etwa 2 Minuten anbraten. Mit einem Spatel die Steaks auf einen Teller legen. Mit Salz und Pfeffer bestreuen.

2. Zwiebeln, Wacholderbeeren und Salz nach Geschmack in die Pfanne geben. Den Wein hinzufügen und zum Kochen bringen. Reduzieren Sie die Hitze und decken Sie die Pfanne ab. 20 Minuten kochen oder bis die Zwiebeln weich sind.

3. Die Lachssteaks wieder in die Pfanne geben und die Zwiebeln über den Fisch geben. Stellen Sie die Hitze auf mittel. Abdecken und weitere 2 Minuten garen, bis der Fisch an der dicksten Stelle gerade noch durchsichtig ist. Sofort servieren.

Lachs mit Frühlingsgemüse

Lachs Primavera

Ergibt 4 Portionen

Lachs ist kein mediterraner Fisch, aber in den letzten Jahren wurde viel davon aus Nordeuropa nach Italien importiert und erfreut sich in italienischen Küchen großer Beliebtheit. Dieses Rezept aus gebratenem Lachs mit Frühlingsgemüse war ein besonderes Gericht in einem Restaurant in Mailand.

Variieren Sie das Gemüse, verwenden Sie jedoch unbedingt eine sehr große Pfanne, damit es in einer flachen Schicht verteilt werden kann. Wenn sie zu voll sind, wird das Gemüse matschig statt gebräunt. Ich verwende eine 15 × 10 × 1 Zoll große Jelly-Roll-Pfanne. Wenn Sie keinen großen Topf haben, teilen Sie die Zutaten auf zwei kleinere Töpfe auf.

4 mittelgroße rote oder weiße festkochende Kartoffeln

1 Tasse geschälte und geschnittene Babykarotten

8 ganze Schalotten oder 2 kleine Zwiebeln, geschält

3 Esslöffel Olivenöl

Salz und frisch gemahlener schwarzer Pfeffer

8 Unzen Spargel, in 5 cm lange Stücke geschnitten

4 Lachssteaks

2 Esslöffel gehackte frische Kräuter wie Schnittlauch, Dill, Petersilie, Basilikum oder eine Kombination

1. Stellen Sie einen Rost in die Mitte des Ofens. Heizen Sie den Ofen auf 425 °F vor. Die Kartoffeln in dicke Scheiben schneiden und trocken tupfen. In einer großen Bratpfanne Kartoffeln, Karotten und Schalotten oder Zwiebeln vermengen. Fügen Sie das Öl sowie Salz und Pfeffer hinzu und schmecken Sie ab. Gut umrühren. Das Gemüse in der Pfanne verteilen und 20 Minuten backen.

2. Das Gemüse umrühren und den Spargel dazugeben. Weitere 10 Minuten backen oder bis das Gemüse leicht gebräunt ist.

3. Den Lachs mit Salz und Pfeffer bestreuen. Schieben Sie das Gemüse an den Rand der Pfanne. Die Lachssteaks hinzufügen. Weitere 7 Minuten backen oder bis der Lachs gerade noch undurchsichtig und noch feucht ist, wenn er an der dicksten Stelle geschnitten wird. Mit den Kräutern bestreuen und sofort servieren.

Fischsteaks in grüner Soße

Pesce in Salsa Verde

Ergibt 4 Portionen

Ein Jahr lang verbrachte ich Silvester mit Freunden in Venedig, und bevor wir zum Mitternachtsgottesdienst im Markusdom gingen, aßen wir in einer kleinen Trattoria in der Nähe der Rialtobrücke zu Abend. Wir aßen gegrillte Garnelen, Risotto mit Tintenfisch und dieses Gericht aus sautierten Fischsteaks in einer Petersilien-Weißwein-Sauce mit Erbsen. Nach dem Abendessen spazierten wir durch die Straßen, die voller gutmütiger Nachtschwärmer waren, von denen viele fabelhafte Kostüme trugen.

1/2 Tasse Allzweckmehl

Salz und frisch gemahlener schwarzer Pfeffer

4 Heilbutt-, Tilefisch- oder andere Weißfischsteaks, etwa 2,5 cm dick

4 Esslöffel Olivenöl

4 Frühlingszwiebeln, fein gehackt

3/4 Tasse trockener Weißwein

1/4 Tasse gehackte frische glatte Petersilie

1 Tasse frische oder gefrorene Babyerbsen

1. Auf einem Stück Wachspapier das Mehl sowie Salz und Pfeffer nach Geschmack vermischen. Spülen Sie den Fisch ab und tupfen Sie ihn trocken. Tauchen Sie dann jedes Steak in die Mehlmischung, sodass beide Seiten leicht bedeckt sind. Den Überschuss abschütteln.

2. In einer großen Pfanne 2 Esslöffel Öl bei mittlerer Hitze erhitzen. Den Fisch dazugeben und auf einer Seite ca. 3 Minuten anbraten. Den Fisch wenden und auf der anderen Seite ca. 2 Minuten anbraten. Übertragen Sie die Steaks mit einem geschlitzten Metallspatel auf einen Teller. Wischen Sie die Pfanne aus.

3. Die restlichen 2 Esslöffel Öl in die Pfanne geben. Fügen Sie die Zwiebeln hinzu. Bei mittlerer Hitze ca. 10 Minuten goldbraun braten. Den Wein hinzufügen und zum Kochen bringen. Kochen, bis der größte Teil der Flüssigkeit verdampft ist, etwa 1 Minute. Petersilie unterrühren.

4. Den Fisch wieder in die Pfanne geben und mit der Soße begießen. Die Erbsen rund um den Fisch verteilen. Reduzieren Sie die Hitze auf niedrig. Abdecken und 5 bis 7 Minuten garen, bis der Fisch an der dicksten Stelle gerade noch undurchsichtig ist. Sofort servieren.

In Papier gebackener Heilbutt

Pesce in Cartoccio

Ergibt 4 Portionen

In einer Pergamentpapierverpackung gebackener Fisch ist ein dramatisches Gericht, das eigentlich ganz einfach zuzubereiten ist. Das Papier speichert den gesamten Geschmack des Fischs und der Gewürze und hat den zusätzlichen Vorteil, dass die Reinigung eingespart werden muss. Aluminiumfolie kann das Pergament ersetzen, ist aber nicht so attraktiv.

2 mittelgroße Tomaten, entkernt und gehackt

2 Frühlingszwiebeln, fein gehackt

1/4 Teelöffel getrockneter Majoran oder Thymian

2 Esslöffel frischer Zitronensaft

2 Esslöffel Olivenöl

Salz und frisch gemahlener schwarzer Pfeffer

4 (6 Unzen) Heilbutt-, Lachs- oder andere Fischsteaks, etwa 1 Zoll dick

1. Stellen Sie einen Rost in die Mitte des Ofens. Heizen Sie den Ofen auf 400 °F vor. In einer mittelgroßen Schüssel alle Zutaten außer dem Fisch vermischen.

2. Schneiden Sie 4 Blatt Pergamentpapier in 12-Zoll-Quadrate. Falten Sie jedes Blatt in zwei Hälften. Öffnen Sie das Papier und bestreichen Sie die Innenseite mit Öl. Legen Sie ein Fischsteak auf eine Seite der Falte. Die Tomatenmischung über den Fisch geben.

3. Falten Sie das Papier über den Fisch. Verschließen Sie jede Packung, indem Sie entlang der Kanten von einem Ende zum anderen kleine Falten machen und sie fest falten. Schieben Sie die Päckchen vorsichtig auf 2 Backbleche.

4. 12 Minuten backen. Um den Gargrad zu prüfen, schneiden Sie eine Packung auf und schneiden Sie den Fisch an der dicksten Stelle durch. Es sollte gerade noch undurchsichtig sein.

5. Schieben Sie die Päckchen auf Servierteller und lassen Sie die Gäste ihre Päckchen selbst öffnen. Heiß servieren.

Gebackener Fisch mit Oliven und Kartoffeln

Pesce al Forno

Ergibt 4 Portionen

Majoran ist ein Kraut, das in Ligurien häufig verwendet wird, obwohl es in den Vereinigten Staaten nicht sehr bekannt ist. Es hat einen ähnlichen Geschmack wie Oregano, ist jedoch viel weniger durchsetzungsfähig als getrockneter Oregano. Thymian ist ein guter Ersatz.

Beginnen Sie mit den Kartoffeln im Voraus, damit sie braun werden und gut garen können. Anschließend den Fisch dazugeben, sodass alles perfekt harmoniert. Ein grüner Salat ist alles, was Sie als nächstes brauchen.

2 Pfund kochende Kartoffeln, geschält und in dünne Scheiben geschnitten

6 Esslöffel Olivenöl

Salz und frisch gemahlener schwarzer Pfeffer nach Geschmack

2 Esslöffel gehackte frische glatte Petersilie

1/2 Teelöffel getrockneter Majoran oder Thymian

2 Esslöffel frischer Zitronensaft

1/2 Teelöffel frisch geriebene Zitronenschale

2 ganze Fische wie Red Snapper oder Wolfsbarsch (je etwa 2 Pfund), gereinigt mit intakten Köpfen und Schwänzen

1/2 Tasse milde schwarze Oliven, wie zum Beispiel Gaeta

1. Stellen Sie einen Rost in die Mitte des Ofens. Heizen Sie den Ofen auf 450 °F vor. In einer großen Schüssel die Kartoffeln mit 3 Esslöffeln Öl vermengen und mit Salz und Pfeffer abschmecken. Die Kartoffeln in einer großen, flachen Bratpfanne verteilen. Backen Sie die Kartoffeln 25 bis 30 Minuten lang oder bis sie anfangen, braun zu werden.

2. Die restlichen 3 Esslöffel Öl, Petersilie, Majoran, Zitronensaft, -schale sowie Salz und Pfeffer nach Geschmack verrühren. Geben Sie die Hälfte der Mischung in die Höhle des Fisches und reiben Sie den Rest über die Haut.

3. Drehen Sie die Kartoffeln mit einem großen Pfannenwender um und verteilen Sie die Oliven rundherum. Den Fisch gut abspülen und trocken tupfen. Den Fisch auf die Kartoffeln legen. An der breitesten Stelle des Fisches ca. 8 bis 10 Minuten pro Zentimeter Dicke backen, oder bis das Fleisch beim Schneiden mit einem kleinen scharfen Messer in der Nähe der Knochen undurchsichtig ist und die Kartoffeln zart sind.

4. Übertragen Sie den Fisch auf eine warme Servierplatte. Umgeben Sie den Fisch mit Kartoffeln und Oliven. Sofort servieren.

Zitrusroter Schnapper

Pesce al Agrumi

Ergibt 4 Portionen

Egal wie das Wetter draußen ist, Sie werden das Gefühl haben, es sei ein herrlicher Sonnentag, wenn Sie diesen mit Zitrusfrüchten gebratenen Fisch servieren. Das Rezept basiert auf einem, das ich in Positano probiert habe. Ein knackiger, frischer Wein wie Pinot Grigio ist die perfekte Begleitung.

1 mittelgroße Orange

1 mittelgroße Zitrone

2 ganze Fische wie Red Snapper oder Wolfsbarsch (je etwa 2 Pfund), gereinigt mit intakten Köpfen und Schwänzen

2 Teelöffel gehackte frische Thymianblätter

2 Esslöffel Olivenöl

Salz und frisch gemahlener schwarzer Pfeffer

1/2 Tasse trockener Weißwein

1 Orange und 1 Zitrone, in Scheiben geschnitten, zum Garnieren

1. Entfernen Sie mit einem Gemüseschäler mit schwenkbarer Klinge die Hälfte der Schale von der Orangen- und Zitronenschale. Stapeln Sie die Stücke und schneiden Sie sie in schmale Streifen. Drücken Sie die Früchte aus, um den Saft zu extrahieren.

2. Stellen Sie einen Rost in die Mitte des Ofens. Heizen Sie den Ofen auf 400 °F vor. Ölen Sie eine Backform, die groß genug ist, um den Fisch in einer einzigen Schicht aufzunehmen.

3. Den Fisch gut abspülen und trocken tupfen. Legen Sie den Fisch in die Pfanne und füllen Sie die Mulde mit Thymian und der Hälfte der Schale. Innen und außen mit Öl sowie Salz und Pfeffer nach Geschmack bestreuen. Wein, Saft und restliche Schale über den Fisch gießen.

4. Backen Sie den Fisch und begießen Sie ihn ein- oder zweimal mit dem Bratensaft, etwa 8 bis 10 Minuten pro Zoll Dicke an der breitesten Stelle des Fisches oder bis das Fleisch undurchsichtig ist, wenn Sie es mit einem kleinen scharfen Messer in der Nähe der Knochen schneiden. Heiß servieren, garniert mit Orangen- und Zitronenscheiben.

Fisch in einer Salzkruste

Pesce im Angebot

Ergibt 2 Portionen

In Salz gebackener Fisch und Meeresfrüchte sind ein traditionelles Gericht in Ligurien und an der toskanischen Küste. Mit Eiweiß vermischt, bildet das Salz eine dicke, harte Kruste, so dass der Fisch darin im eigenen Saft gart. Im Baia Beniamin, einem wunderschönen Restaurant direkt am Wasser in Ventimiglia nahe der französischen Grenze, sah ich zu, wie der Kellner geschickt mit der Rückseite eines schweren Löffels die Salzkruste aufbrach und sie wegnahm, wobei er Haut und Salz mit einer Bewegung entfernte. Im Inneren war der Fisch perfekt zubereitet.

6 Tassen koscheres Salz

4 große Eiweiße

1 ganzer Fisch wie Red Snapper oder Wolfsbarsch (je etwa 2 Pfund), gereinigt mit intaktem Kopf und Schwanz

1 Esslöffel gehackter frischer Rosmarin

2 Knoblauchzehen, fein gehackt

1 Zitrone, in Spalten geschnitten

Natives Olivenöl extra

1. Stellen Sie einen Rost in die Mitte des Ofens. Heizen Sie den Ofen auf 500 °F vor. In einer großen Schüssel Salz und Eiweiß verrühren, bis das Salz gleichmäßig befeuchtet ist.

2. Ein Backblech einölen, das groß genug ist, um den Fisch aufzunehmen. Legen Sie den Fisch auf das Backblech. Den Hohlraum mit Rosmarin und Knoblauch füllen.

3. Streuen Sie das Salz gleichmäßig auf den Fisch und bedecken Sie ihn vollständig. Klopfen Sie das Salz fest, damit es hält.

4. Backen Sie den Fisch 30 Minuten lang oder bis das Salz an den Rändern leicht golden wird. Um den Gargrad zu testen, stecken Sie ein sofort ablesbares Thermometer durch das Salz in die dickste Stelle des Fisches. Der Fisch ist fertig, wenn die Temperatur 130 °F erreicht.

5. Zum Servieren die Salzkruste mit einem großen Löffel aufbrechen. Entfernen Sie das Salz und die Haut vom Fisch und entsorgen Sie ihn. Heben Sie das Fleisch vorsichtig von den Knochen ab. Heiß mit den Zitronenschnitzen und einem Schuss nativem Olivenöl extra servieren.

Gebratener Fisch in Weißwein und Zitrone

Pesce al Vino Bianco

Ergibt 4 Portionen

Dies ist eine einfache Methode zum Garen mittelgroßer bis kleiner ganzer Fische. Ich habe das in Ligurien gegessen, wo es mit geschmorten Artischocken und Kartoffeln serviert wurde.

2 ganze Fische wie Red Snapper oder Wolfsbarsch (je etwa 2 Pfund), gereinigt mit intakten Köpfen und Schwänzen

1 Esslöffel gehackter frischer Rosmarin

Salz und frisch gemahlener schwarzer Pfeffer

1 Zitrone, in dünne Scheiben geschnitten

2 Esslöffel gehackte frische glatte Petersilie

1 Tasse trockener Weißwein

1/4 Tasse natives Olivenöl extra

1 Esslöffel Weißweinessig

1. Stellen Sie einen Rost in die Mitte des Ofens. Heizen Sie den Ofen auf 400 °F vor. Ölen Sie eine Pfanne, die groß genug ist, um den Fisch nebeneinander zu halten.

2. Spülen Sie den Fisch ab und tupfen Sie ihn innen und außen trocken. Das Innere des Fisches mit Rosmarin bestreuen und mit Salz und Pfeffer abschmecken. Stecken Sie einige Zitronenscheiben in die Mulde. Legen Sie den Fisch in die Pfanne. Streuen Sie die Petersilie über den Fisch und legen Sie die restlichen Zitronenscheiben darauf. Mit Wein, Öl und Essig beträufeln.

3. Backen Sie den Fisch an der breitesten Stelle 8 bis 10 Minuten pro Zoll Dicke oder bis das Fleisch undurchsichtig ist, wenn Sie es mit einem kleinen scharfen Messer in der Nähe der Knochen schneiden. Heiß servieren.

Forelle mit Prosciutto und Salbei

Trote al Prosciutto e Salvia

Ergibt 4 Portionen

Wilde Forellen sind sehr aromatisch, obwohl sie auf Fischmärkten selten zu finden sind. Forellen aus der Zucht sind viel weniger interessant, aber Prosciutto und Salbei verstärken den Geschmack. Ich habe Forellen auf diese Weise in Friaul-Julisch Venetien zubereiten lassen, wo sie mit dem lokalen Prosciutto aus der Stadt San Daniele zubereitet wurden.

4 kleine ganze Forellen, gereinigt, jeweils etwa 12 Unzen

4 Esslöffel Olivenöl

2 bis 3 Esslöffel frischer Zitronensaft

6 frische Salbeiblätter, fein gehackt

Salz und frisch gemahlener schwarzer Pfeffer

8 sehr dünne Scheiben importierter italienischer Prosciutto

1 Zitrone, in Spalten geschnitten

1. Ölen Sie eine Backform, die groß genug ist, um den Fisch in einer einzigen Schicht aufzunehmen.

2. In einer kleinen Schüssel Öl, Zitronensaft, Salbei sowie Salz und Pfeffer nach Geschmack vermischen. Den Fisch innen und außen mit der Mischung bestreuen. Den Fisch 1 Stunde im Kühlschrank marinieren.

3. Stellen Sie den Ofenrost in die Mitte des Ofens. Heizen Sie den Ofen auf 375 °F vor. Legen Sie eine Scheibe Prosciutto in jeden Fisch und legen Sie eine weitere Scheibe darauf. 20 Minuten backen oder bis der Fisch gerade noch undurchsichtig ist, wenn man ihn mit einem kleinen scharfen Messer in der Nähe der Knochen aufschneidet. Heiß mit Zitronenspalten servieren.

Gebackene Sardinen mit Rosmarin

Sarde mit Rosamarina

Ergibt 4 Portionen

Sardinen, Sardellen und Sardellen gehören zur Familie der dunkelfleischigen Fische, die in Italien als Pesce Azzurro bekannt sind. Weitere Mitglieder dieser Familie sind Makrelen und natürlich Blaubarsche. Rosmarin ergänzt sie wunderbar in diesem Rezept aus der Toskana.

1/2 Pfund frische Sardinen, Stinte oder Sardellen, gereinigt (siehe Hinweis unten)

Salz und frisch gemahlener schwarzer Pfeffer

1 Esslöffel gehackter frischer Rosmarin

1/4 Tasse Olivenöl

1/4 Tasse einfache, feine, trockene Semmelbrösel

1 Zitrone, in Spalten geschnitten

1. Stellen Sie den Rost in die Mitte des Ofens. Heizen Sie den Ofen auf 400 °F vor. Eine Auflaufform einölen, die groß genug ist, um die Sardinen in einer einzigen Schicht aufzunehmen.

2. Legen Sie die Sardinen in die Schüssel und bestreuen Sie sie innen und außen mit Salz, Pfeffer und Rosmarin. Mit Öl beträufeln und mit Semmelbröseln bestreuen.

3. 15 Minuten backen oder bis der Fisch gar ist. Mit Zitronenspalten servieren.

***Notiz:** So reinigen Sie Sardinen: Schneiden Sie die Köpfe mit einem großen, schweren Kochmesser oder einer Küchenschere ab. Den Fisch am Bauch entlang aufschlitzen und die Innereien entfernen. Ziehen Sie das Rückgrat heraus. Schneiden Sie die Flossen ab. Spülen und abtropfen lassen.*

Sardinen, venezianische Art

Sarde in Saor

Ergibt 4 Portionen

Rosinen und Essig verleihen dem Fisch in diesem venezianischen Klassiker einen köstlichen süß-sauren Geschmack. Stellen Sie sicher, dass Sie dieses Rezept mindestens einen Tag vor dem geplanten Servieren zubereiten, damit sich die Aromen entfalten können. Kleine Portionen eignen sich hervorragend als Vorspeise. Die Sardinen können durch ganze Forellen oder Makrelen ersetzt werden, oder probieren Sie Seezungenfilets. In Venedig wird Sarde in Saor oft mit gegrilltem Weißwein serviertPolenta.

8 Esslöffel Olivenöl

3 Zwiebeln (ca. 1 Pfund), in 1/2 Zoll dicke Scheiben geschnitten

1 Tasse trockener Weißwein

1 Tasse Weißweinessig

2 Esslöffel Pinienkerne

2 Esslöffel Rosinen

2 Pfund Sardinen, gereinigt

1. Gießen Sie 4 Esslöffel Öl in eine große, schwere Pfanne. Fügen Sie die Zwiebeln hinzu und kochen Sie sie bei mittlerer Hitze etwa 20 Minuten lang, bis sie sehr zart sind. Dabei häufig umrühren und sorgfältig darauf achten, dass die Zwiebeln nicht braun werden. Fügen Sie bei Bedarf einen oder zwei Esslöffel Wasser hinzu, damit sich die Zwiebeln nicht verfärben.

2. Fügen Sie 1/2 Tasse Wein, 1/2 Tasse Essig, die Rosinen und die Pinienkerne hinzu. Zum Kochen bringen und 1 Minute kochen lassen. Vom Herd nehmen.

3. In einer anderen Pfanne die restlichen 4 Esslöffel Öl bei mittlerer Hitze erhitzen. Fügen Sie die Sardinen hinzu und kochen Sie sie etwa 2 bis 3 Minuten pro Seite, bis sie in der Mitte gerade noch durchsichtig sind. Die Sardinen in einer Schicht auf einer großen Platte anrichten. Mit restlichem Wein und Essig aufgießen.

4. Die Zwiebelmischung über den Fisch verteilen. Abdecken und 1 bis 2 Tage im Kühlschrank lagern, damit sich die Aromen entfalten. Bei kühler Raumtemperatur servieren.

Gefüllte Sardinen nach sizilianischer Art

Sarde Beccafico

Ergibt 4 Portionen

Dr. Joseph Maniscalco, ein alter Freund der Familie, der aus Sciacca auf Sizilien stammte, brachte mir bei, wie man dieses typisch sizilianische Rezept zubereitet. Der italienische Name bedeutet Sardinen im Stil eines Feigenspechts, eines saftigen kleinen Vogels, der gerne reife Feigen frisst.

1 Tasse trockene Semmelbrösel

Etwa 1/4 Tasse Olivenöl

4 Sardellenfilets, abgetropft und gehackt

2 Esslöffel gehackte frische glatte Petersilie

2 Esslöffel Pinienkerne

2 Esslöffel Rosinen

Salz und frisch gemahlener schwarzer Pfeffer

2 Pfund frische Sardinen, gereinigt

Lorbeerblätter

Zitronenscheiben

1. Stellen Sie einen Rost in die Mitte des Ofens. Heizen Sie den Ofen auf 375 °F vor. Eine kleine Backform einölen.

2. In einer großen Pfanne die Semmelbrösel bei mittlerer Hitze unter ständigem Rühren rösten, bis sie braun sind. Vom Herd nehmen und gerade genug Öl einrühren, um sie zu befeuchten. Sardellen, Petersilie, Pinienkerne, Rosinen sowie Salz und Pfeffer nach Geschmack hinzufügen. Gut mischen.

3. Öffnen Sie die Sardinen wie ein Buch und legen Sie sie mit der Haut nach unten auf eine ebene Fläche. Geben Sie etwas von der Semmelbröselmischung auf das Kopfende jeder Sardine. Die Sardinen mit der Füllung aufrollen und nebeneinander in die Pfanne legen, jeweils mit einem Lorbeerblatt voneinander trennen. Die restlichen Krümel darüber streuen und mit dem restlichen Öl beträufeln.

4. 20 Minuten backen oder bis die Brötchen gerade gar sind. Heiß oder bei Zimmertemperatur mit Zitronenspalten servieren.

Gegrillte Sardinen

Sarde alla Griglia

Ergibt 4 Portionen

Kleine, schmackhafte Fische wie Sardinen, Stinte und Sardellen sind unwiderstehlich, wenn sie auf dem Grill zubereitet werden. Bei einem Barbecue-Abendessen in einem Weingut in den Abruzzen trafen die Gäste ein und fanden Reihen von kleinen Fischen vor, die über einem Holzkohlefeuer kochten. Obwohl es so aussah, als wären es zu viele, verschwanden sie bald und wurden mit Gläsern gekühltem weißem Trebbiano-Wein heruntergespült.

Ein Korbgrill eignet sich gut zum Halten und Wenden der kleinen Fische beim Grillen. Wenn Sie das Glück haben, Ihre eigenen Zitronen- oder Orangenbäume zu züchten und diese nicht mit Chemikalien behandelt wurden, verwenden Sie einige Blätter zum Garnieren der Servierplatte. Ansonsten reichen auch Radicchio oder feste Salatblätter.

12 bis 16 frische Sardinen oder Stinte, gereinigt

2 Esslöffel Olivenöl

Salz und frisch gemahlener schwarzer Pfeffer

Unbehandelte Zitronenblätter oder Radicchio

2 Zitronen, in Spalten geschnitten

1. Stellen Sie einen Barbecue-Grill oder Grillrost etwa 5 Zoll von der Wärmequelle entfernt auf. Heizen Sie einen Barbecue-Grill oder Grill vor.

2. Die Sardinen trocken tupfen und mit dem Öl bestreichen. Leicht mit Salz und Pfeffer bestreuen. Den Fisch ca. 3 Minuten grillen oder braten, bis er schön gebräunt ist. Drehen Sie den Fisch vorsichtig um und braten Sie ihn noch etwa 2 bis 3 Minuten lang, bis er auf der anderen Seite braun ist.

3. Die Blätter auf einer Platte anrichten. Mit den Sardinen belegen und mit den Zitronenspalten garnieren. Heiß servieren.

Gebratener gesalzener Kabeljau

Baccala Fritta

Ergibt 4 Portionen

Dies ist ein Grundrezept zum Kochen von Baccala. Es kann pur oder mit Tomatensauce serviert werden. Manche Köche erhitzen die Soße gerne in einer Pfanne, fügen dann den gebratenen Fisch hinzu und lassen ihn kurz köcheln.

Etwa 1 Tasse Allzweckmehl

Salz und frisch gemahlener schwarzer Pfeffer

1 Pfund eingeweichter Baccala oder Stockfisch, in Portionsstücke geschnitten

Olivenöl

Zitronenscheiben

1. Mehl, Salz und Pfeffer nach Geschmack auf einem Stück Wachspapier verteilen.

2. In einer großen, schweren Pfanne etwa 1/2 Zoll des Öls erhitzen. Tauchen Sie die Fischstücke schnell in die Mehlmischung und schütteln Sie den Überschuss leicht ab. Legen Sie so viele Fischstücke

in die Pfanne, wie hineinpassen, ohne dass es zu einer Überfüllung kommt.

3.Kochen Sie den Fisch 2 bis 3 Minuten lang, bis er braun ist. Den Fisch mit einer Zange wenden und weitere 2 bis 3 Minuten garen, bis er braun und zart ist. Heiß mit Zitronenspalten servieren.

Variation:Fügen Sie dem Frittieröl leicht zerdrückte ganze Knoblauchzehen und/oder frische oder getrocknete Chilischoten hinzu, um den Fisch zu würzen.

Stockfisch nach Pizza-Art

Baccala alla Pizzaiola

Ergibt 6 bis 8 Portionen 8

In Neapel sind Tomaten, Knoblauch und Oregano die typischen Geschmacksrichtungen einer klassischen Pizzasauce, weshalb dieses mit diesen Zutaten aromatisierte Gericht als Pizza-Stil bezeichnet wird. Für zusätzlichen Geschmack fügen Sie der Sauce eine Handvoll Oliven und ein paar Sardellenfilets hinzu.

2 Pfund eingeweichter Kabeljau, in Portionsstücke geschnitten

4 Esslöffel Olivenöl

2 große Knoblauchzehen, sehr fein gehackt

2 Esslöffel gehackte frische glatte Petersilie

Prise zerstoßener roter Pfeffer

3 Tassen geschälte, entkernte und gehackte frische Tomaten oder 1 (28-Unzen) Dose geschälte italienische Tomaten, abgetropft und gehackt

2 Esslöffel Kapern, abgespült, abgetropft und gehackt

1 Teelöffel getrockneter Oregano, zerbröckelt

Salz

1. In einer tiefen Pfanne etwa 5 cm Wasser zum Kochen bringen. Fügen Sie den Fisch hinzu und kochen Sie ihn etwa 10 Minuten lang, bis er zart ist, aber nicht zerbricht. Den Fisch mit einem Schaumlöffel herausnehmen und abtropfen lassen.

2. Das Öl zusammen mit dem Knoblauch, der Petersilie und der zerstoßenen roten Paprika in eine große Pfanne geben. Kochen, bis der Knoblauch leicht golden ist, etwa 2 Minuten. Fügen Sie die Tomaten und ihren Saft, die Kapern, Oregano und etwas Salz hinzu. Zum Kochen bringen und etwa 15 Minuten kochen lassen, bis die Flüssigkeit leicht eingedickt ist.

3. Den abgetropften Fisch hinzufügen. Den Fisch mit der Soße begießen. 10 Minuten kochen lassen oder bis es gerade zart ist. Heiß servieren.

Gesalzener Kabeljau mit Kartoffeln

Baccala Palermitana

Ergibt 4 Portionen

Ein Spaziergang über den Vucciria-Markt in Palermo, Sizilien, ist für jeden, insbesondere für einen Koch, ein faszinierendes Erlebnis. Die Marktstände säumen die überfüllten, verwinkelten Straßen und Käufer können aus einer Reihe von frischem Fleisch, Fisch und Produkten (sowie allem von Unterwäsche bis hin zu Batterien) wählen. Fischhändler verkaufen Baccala und Stockfisch bereits eingeweicht und kochfertig. Wenn Sie hier in den Vereinigten Staaten keine Zeit haben, den Fisch einzuweichen, ersetzen Sie den Baccala durch Stücke von frischem Kabeljau oder einem anderen festen Weißfisch.

1/4 Tasse Olivenöl

1 mittelgroße Zwiebel, in Scheiben geschnitten

1 Tasse gehackte Tomaten aus der Dose mit ihrem Saft

1/2 Tasse gehackter Sellerie

2 mittelgroße Kartoffeln, geschält und in Scheiben geschnitten

1 1/2 Pfund Baccala, eingeweicht und abgetropft

¼ Tasse gehackte grüne Oliven

1. In einer großen Pfanne das Öl bei mittlerer Hitze erhitzen. Zwiebeln, Tomaten, Sellerie und Kartoffeln hinzufügen. Zum Kochen bringen und etwa 20 Minuten kochen lassen, bis die Kartoffeln weich sind.

2. Den Fisch dazugeben und die Stücke mit der Soße begießen. Mit den Oliven bestreuen. Kochen, bis der Fisch zart ist, etwa 10 Minuten. Zum Würzen abschmecken und bei Bedarf Salz hinzufügen. Heiß servieren.

Garnelen und Bohnen

Gamberi und Fagioli

Ergibt 4 Portionen

Forte dei Marmi ist eine wunderschöne Stadt an der toskanischen Küste. Es strahlt eine altmodische Eleganz aus und verfügt über viele Art-Déco-Palazzos, von denen einige in Hotels umgewandelt wurden. Am Strand können Sie einen Liegestuhl und einen Sonnenschirm für einen Tag, eine Woche oder einen Monat mieten. Mein Mann und ich diskutierten mit den Freunden Rob und Linda Leahy lange darüber, ob wir einen Tag am Strand verbringen oder in einem Restaurant namens Lorenzo essen sollten. Linda beschloss, die Sonne zu genießen, während der Rest von uns in das Restaurant ging, das auf einfache Meeresfrüchtezubereitungen wie diese Garnelen spezialisiert ist. Wir waren froh, dass wir das gemacht haben.

16 bis 20 große Garnelen, geschält und entdarmt

4 Esslöffel Olivenöl

2 Esslöffel fein gehackter frischer Knoblauch

2 Esslöffel gehacktes frisches Basilikum

Salz und frisch gemahlener schwarzer Pfeffer

3 Tassen abgetropfte gekochte oder eingemachte Cannellini oder Great Northern-Bohnen

2 mittelgroße Tomaten, gewürfelt

Frische Basilikumblätter zum Garnieren

1. In einer Schüssel die Garnelen mit 2 Esslöffeln Öl, der Hälfte des Knoblauchs, 1 Esslöffel Basilikum sowie Salz und Pfeffer nach Geschmack beträufeln. Gut umrühren. Abdecken und 1 Stunde im Kühlschrank lagern.

2. Stellen Sie einen Barbecue-Grill oder Grillrost etwa 5 Zoll von der Wärmequelle entfernt auf. Heizen Sie den Grill oder Grill vor.

3. In einem Topf das restliche Öl, den Knoblauch und das Basilikum bei mittlerer Hitze etwa 1 Minute kochen. Bohnen unterrühren. Abdecken und bei schwacher Hitze 5 Minuten garen, bis es durchgeheizt ist. Vom Herd nehmen. Die Tomaten unterrühren und mit Salz und Pfeffer abschmecken.

4. Die Garnelen auf einer Seite 1 bis 2 Minuten braten, bis sie leicht gebräunt sind. Drehen Sie die Garnelen um und kochen Sie sie noch etwa 1 bis 2 Minuten lang, bis sie an der dicksten Stelle leicht gebräunt und gerade noch undurchsichtig sind.

5. Die Bohnen auf 4 Teller verteilen. Ordnen Sie die Garnelen um die Bohnen herum an. Mit frischen Basilikumblättern garnieren. Sofort servieren.

Garnelen in Knoblauchsauce

Gamberi al'Aglio

Ergibt 4 bis 6 Portionen

In einer Knoblauchbuttersauce gekochte Garnelen sind in italienisch-amerikanischen Restaurants beliebter als in Italien. Hier wird sie oft „Garnelen-Scampi" genannt, ein unsinniger Name, der auf ihre nicht-italienische Herkunft schließen lässt. Bei Scampi handelt es sich nicht, wie der Name schon sagt, um eine Kochart, sondern um eine Schalentiersorte, die einem Miniaturhummer sehr ähnlich sieht. Zum Kochen werden Scampi im Allgemeinen nur mit etwas Olivenöl, Petersilie und Zitrone gegrillt.

Wie auch immer Sie es nennen und woher auch immer es kommt, Garnelen in Knoblauchsauce sind köstlich. Bieten Sie viel gutes Brot zum Aufsaugen der Soße an.

6 Esslöffel ungesalzene Butter

1/4 Tasse Olivenöl

4 große Knoblauchzehen, fein gehackt

16 bis 24 große Garnelen, geschält und entdarmt

Salz

3 Esslöffel gehackte frische glatte Petersilie

2 Esslöffel frischer Zitronensaft

1. In einer großen Pfanne die Butter mit dem Olivenöl bei mittlerer Hitze schmelzen. Den Knoblauch einrühren. Kochen, bis der Knoblauch leicht golden ist, etwa 2 Minuten.

2. Erhöhen Sie die Hitze auf mittelhoch. Fügen Sie die Garnelen hinzu und salzen Sie nach Geschmack. 1 bis 2 Minuten kochen, die Garnelen einmal wenden und weitere 1 bis 2 Minuten garen, bis sie nur noch rosa sind. Petersilie und Zitronensaft einrühren und noch 1 Minute kochen lassen. Heiß servieren.

Garnelen mit Tomaten, Kapern und Zitrone

Gamberi in Salsa

Ergibt 4 Portionen

Dies ist eines dieser schnellen, anpassungsfähigen Rezepte, die Italiener so gut zubereiten. Servieren Sie es pur als schnelles Garnelen-Hauptgericht oder vermischen Sie es mit Nudeln und etwas nativem Olivenöl extra für eine herzhafte Mahlzeit.

2 Esslöffel Olivenöl

1 Pfund mittelgroße Garnelen, geschält und entdarmt

1 Knoblauchzehe, leicht zerdrückt

Salz

1 Pint Trauben- oder Kirschtomaten, halbiert oder geviertelt, falls groß

2 Esslöffel Kapern, abgespült und abgetropft

2 Esslöffel gehackte frische glatte Petersilie

1/4 Teelöffel abgeriebene Zitronenschale

1. Erhitzen Sie das Öl in einer 10-Zoll-Pfanne bei mittlerer bis hoher Hitze. Garnelen, Knoblauch und eine Prise Salz hinzufügen. Kochen, bis die Garnelen rosa und leicht golden werden, etwa 1 bis 2 Minuten pro Seite. Übertragen Sie die Garnelen auf einen Teller.

2.Tomaten und Kapern in die Pfanne geben. Unter häufigem Rühren kochen, bis die Tomaten leicht weich sind, etwa 2 Minuten. Geben Sie die Garnelen wieder in die Pfanne und geben Sie nach Belieben Petersilie und Salz hinzu. Gut umrühren und weitere 2 Minuten kochen lassen.

3.Zitronenschale hinzufügen. Den Knoblauch wegwerfen und sofort servieren.

Garnelen in Sardellensauce

Gamberi in Salsa di Acciughe

Ergibt 4 Portionen

Eines Frühlings bat mich die Gruppo Ristoratori Italiani, eine Organisation italienischer Gastronomen in den Vereinigten Staaten, mit ihnen und einer Gruppe anderer Food-Autoren auf eine Reise in die Region Marken in Mittelitalien. Wir übernachteten in einem Hotel an der Küste und planten Ausflüge in die umliegenden Städte zu unternehmen. Eines Nachts machte stürmisches Wetter das Reisen nahezu unmöglich, also aßen wir in einem lokalen Restaurant namens Tre Nodi. Der Besitzer war etwas exzentrisch und hielt uns Vorträge über seine Theorien über Politik, Essen und Kochen, aber die Meeresfrüchte waren wunderbar, besonders die großen roten Mittelmeergarnelen mit Sardellen. Die Garnelen wurden fast in zwei Hälften geteilt und dann flach geöffnet, damit sie gründlich mit der Sauce bedeckt werden konnten. Als wir abreisten, schenkte der Besitzer jedem von uns einen kleinen Behälter mit Sand vom örtlichen Strand, um uns an unseren Aufenthalt zu erinnern.

1 1/2 Pfund Jumbo-Garnelen

4 Esslöffel ungesalzene Butter

3 Esslöffel Olivenöl

2 Esslöffel gehackte frische glatte Petersilie

2 große Knoblauchzehen, sehr fein gehackt

6 Sardellenfilets, gehackt

1/3 Tasse trockener Weißwein

2 Esslöffel frischer Zitronensaft

Salz und frisch gemahlener schwarzer Pfeffer

1. Die Garnelen schälen, dabei die Schwanzteile intakt lassen. Schneiden Sie die Garnele mit einem kleinen Messer der Länge nach auf der Rückseite auf und schneiden Sie dabei fast bis zur anderen Seite durch. Entfernen Sie die dunkle Ader und öffnen Sie die Garnele flach wie ein Buch. Garnelen abspülen und trocken tupfen.

2. Stellen Sie einen Barbecue-Grill oder Grillrost etwa 5 Zoll von der Wärmequelle entfernt auf. Heizen Sie den Grill oder Grill vor. In einer großen Grillpfanne die Butter mit dem Olivenöl bei mittlerer Hitze schmelzen. Wenn der Butterschaum nachlässt, Petersilie, Knoblauch und Sardellen hinzufügen und unter Rühren 1 Minute kochen lassen. Wein und Zitronensaft hinzufügen und noch 1 Minute kochen lassen.

3. Nehmen Sie die Pfanne vom Herd. Fügen Sie die Garnelen mit der Schnittseite nach unten hinzu. Mit Salz und Pfeffer bestreuen. Etwas Sauce über die Garnelen geben.

4. Stellen Sie die Pfanne unter den Grill und kochen Sie sie etwa 3 Minuten lang oder bis die Garnelen gerade noch undurchsichtig sind. Sofort servieren.

Gebratene Garnelen

Gamberi Fritti

Ergibt 4 bis 6 Portionen

Ein einfacher Mehl-Wasser-Teig ergibt eine köstliche knusprige Kruste für gebratene Garnelen. Beachten Sie, dass diese Art von Teig nicht viel braun wird, da er weder Zucker noch Eiweiß enthält. Für eine tiefere braune Kruste probieren Sie den Bierteig (gebratene Zucchini, Schritt 2) oder eines mit Eiern, wie in derIm Teig frittierte Garnelen und CalamariRezept. Ein weiterer Trick, den viele Restaurantköche anwenden, besteht darin, einen Esslöffel Speiseöl vom Vortag in den Topf zu geben. Die Gründe sind kompliziert, aber wenn Sie viel frittieren, lohnt es sich, einen Teil des abgekühlten Restöls für das nächste Mal abgesiebt und im Kühlschrank aufzubewahren. Allerdings ist es nicht unbegrenzt haltbar und Sie sollten das Öl vor der Verwendung immer riechen, um sicherzustellen, dass es noch frisch ist.

Servieren Sie diese Garnelen als Hauptgericht oder Vorspeise. Nach Belieben können auch ganze grüne Bohnen, Zucchini- oder Paprikastreifen oder anderes Gemüse auf die gleiche Art gebraten werden. Gut geeignet sind auch ganze Petersilien-, Basilikum- oder Salbeiblätter.

1 Tasse Allzweckmehl

11/2 Teelöffel Salz

Etwa 3/4 Tasse kaltes Wasser

1 1/2 Pfund mittelgroße Garnelen, geschält und entdarmt

Pflanzenöl zum Braten

1. Mehl und Salz in eine mittelgroße Schüssel geben. Nach und nach das Wasser hinzufügen und mit einem Schneebesen glatt rühren. Die Mischung sollte sehr dickflüssig sein, ähnlich wie Sauerrahm.

2. Spülen Sie die Garnelen ab und tupfen Sie sie trocken. Ein Tablett mit Papiertüchern auslegen.

3. Gießen Sie in einen tiefen, schweren Topf so viel Öl, dass eine Tiefe von 5 cm erreicht ist. Wenn Sie eine elektrische Fritteuse verwenden, befolgen Sie die Anweisungen des Herstellers. Erhitzen Sie das Öl auf 370 °F. auf einem Bratthermometer oder bis ein Tropfen Teig im Öl brutzelt und innerhalb von 1 Minute braun wird.

4. Legen Sie die Garnelen mit dem Teig in die Schüssel und rühren Sie sie um. Nehmen Sie die Garnelen einzeln heraus und legen Sie sie mit einer Zange vorsichtig in das Öl. Braten Sie auf einmal nur so viele Garnelen, wie hineinpassen, ohne dass es zu einer Überfüllung kommt. Kochen Sie die Garnelen 1 bis 2 Minuten lang, bis sie ganz leicht golden und knusprig sind. Auf Küchenpapier abtropfen lassen. Die restlichen Garnelen auf die gleiche Weise anbraten. Heiß mit Zitronenspalten servieren.

Im Teig frittierte Garnelen und Calamari

Frutti di Mare in Pastella

Ergibt 6 Portionen

Wo es in Italien Meeresfrüchte gibt, finden Sie Köche, die sie in einem knusprigen Teig frittieren. Dieser Teig wird aus Eiern und Hefe hergestellt, was der Kruste eine leichte, luftige Textur, goldene Farbe und einen guten Geschmack verleiht. Obwohl ich für die meisten Kochzwecke Olivenöl verwende, bevorzuge ich zum Braten ein geschmackloses Pflanzenöl.

1 Teelöffel aktive Trockenhefe oder Instanthefe

1 Tasse warmes Wasser (100 bis 110 °F)

2 große Eier

1 Tasse Allzweckmehl

1 Teelöffel Salz

1 Pfund kleine Garnelen, geschält und entdarmt

8 Unzen gereinigte Calamari (Tintenfisch)

Pflanzenöl zum Braten

1 Zitrone, in Spalten geschnitten

1. In einer mittelgroßen Schüssel die Hefe über das Wasser streuen. 1 Minute stehen lassen oder bis eine cremige Konsistenz entsteht. Zum Auflösen umrühren.

2. Die Eier zur Hefemischung geben und gut verrühren. Mehl und Salz einrühren. Mit einem Schneebesen glatt rühren.

3. Garnelen und Calamari gut abspülen. Trocken tupfen. Schneiden Sie die Calamari quer in 1/2-Zoll-Ringe. Wenn sie groß sind, schneiden Sie die Basis jeder Tentakelgruppe in zwei Hälften.

4. Gießen Sie in einen tiefen, schweren Topf so viel Öl, dass eine Tiefe von 5 cm erreicht ist. Wenn Sie eine elektrische Fritteuse verwenden, befolgen Sie die Anweisungen des Herstellers. Erhitzen Sie das Öl auf 370 °F. auf einem Bratthermometer oder bis ein Tropfen Teig im Öl brutzelt und innerhalb von 1 Minute braun wird.

5. Garnelen und Calamari unter den Teig rühren. Nehmen Sie die Stücke nach und nach heraus und lassen Sie den überschüssigen Teig zurück in die Schüssel tropfen. Legen Sie die Stücke sehr vorsichtig in das heiße Öl. Überfüllen Sie die Pfanne nicht. Unter einmaligem Rühren mit einem Schaumlöffel 1 bis 2 Minuten goldbraun braten. Nehmen Sie die Meeresfrüchte aus der Pfanne und lassen Sie sie auf Papiertüchern abtropfen. Den Rest auf die gleiche Art anbraten. Heiß mit Zitronenspalten servieren.

Gegrillte Garnelenspieße

Spiedini di Gamberi

Ergibt 4 Portionen

Obwohl die reichhaltige Küche von Parma und Bologna besser bekannt ist, ist die Küche der Küstenregion Emilia-Romagna sehr gut und oft sehr einfach. Hervorragendes Obst und Gemüse von Bauernhöfen aus der Umgebung sowie wunderbare frische Meeresfrüchte sind die Hauptbestandteile. Mein Mann und ich haben diese gegrillten Garnelenspieße im Strandort Milano Marittima gegessen. Die Schalentiere können durch Stücke von festfleischigem Fisch ersetzt werden.

1/2 Tasse einfache Semmelbrösel

1 Esslöffel fein gehackter frischer Rosmarin

1 Knoblauchzehe, geschält und fein gehackt

Salz und frisch gemahlener schwarzer Pfeffer

2 Esslöffel Olivenöl

1 Pfund mittelgroße Garnelen, geschält und entdarmt

1 Zitrone, in Spalten geschnitten

1. Stellen Sie einen Barbecue-Grill oder Grillrost etwa 5 Zoll von der Wärmequelle entfernt auf. Heizen Sie den Grill oder Grill vor.

2. In einer mittelgroßen Schüssel Semmelbrösel, Rosmarin, Knoblauch, Salz und Pfeffer nach Geschmack sowie Öl vermengen und gut vermischen. Fügen Sie die Garnelen hinzu und rühren Sie um, bis sie gut bedeckt sind. Die Garnelen auf Spieße stecken.

3. Grillen oder braten, bis die Garnelen rosa und gar sind, etwa 3 Minuten auf jeder Seite. Heiß mit Zitronenspalten servieren.

„Bruder Teufel" Hummer

Aragosta Fra Diavolo

Ergibt 2 bis 4 Portionen

Obwohl dieses Rezept viele Merkmale eines klassischen süditalienischen Meeresfrüchtegerichts aufweist, einschließlich Tomaten, Knoblauch und scharfer Paprika, habe ich immer vermutet, dass es sich um eine italienisch-amerikanische Erfindung handelt. Mein Freund Arthur Schwartz, Moderator des Food Talk mit Arthur Schwartz von WOR Radio, ist ein Experte für neapolitanische Küche sowie für die historische New Yorker Küche und er stimmt mir zu. Arthur glaubt, dass es wahrscheinlich vor einigen Jahren in einem italienischen Restaurant in New York entwickelt wurde und seitdem beliebt ist. Der Name bezieht sich auf die würzige Tomatensauce, in der der Hummer gekocht wird. Servieren Sie dazu Spaghetti oder geröstetes, mit Knoblauch eingeriebenes Brot.

2 lebende Hummer, jeweils etwa 1 1/4 Pfund

1/3 Tasse Olivenöl

2 große Knoblauchzehen, leicht zerdrückt

Prise zerstoßener roter Pfeffer

1 Tasse trockener Weißwein

1 (28 Unzen) Dose geschälte Tomaten, abgetropft und gehackt

6 frische Basilikumblätter, in Stücke gerissen

Salz

1. Legen Sie einen der Hummer mit der Mulde nach oben auf ein Schneidebrett. Entfernen Sie nicht die Bänder, die die Krallen schließen. Schützen Sie Ihre Hand mit einem schweren Handtuch oder Topflappen und halten Sie den Hummer über den Schwanz. Stechen Sie mit der Spitze eines schweren Kochmessers dort in den Körper, wo der Schwanz auf die Brust trifft. Schneiden Sie den Schwanz vollständig durch und trennen Sie ihn vom Rest des Körpers. Entfernen Sie mit einer Geflügelschere die dünne Schale, die das Schwanzfleisch bedeckt. Ziehen Sie die dunkle Ader im Schwanz heraus und entfernen Sie sie, lassen Sie jedoch das grüne Tomalley und die rote Koralle übrig, falls vorhanden. Wiederholen Sie dies mit dem zweiten Hummer. Schneiden Sie den Schwanz quer in 3 oder 4 Stücke. Legen Sie die Schwanzstücke beiseite. Schneiden Sie die Hummerkörper und -scheren an den Gelenken in 2,5 bis 5 cm große Stücke. Schlagen Sie mit der stumpfen Seite des Messers auf die Krallen, um sie zu knacken.

2. In einem großen, schweren Topf das Öl bei mittlerer Hitze erhitzen. Alle Hummerstücke außer den Schwänzen hinzufügen und unter häufigem Rühren 10 Minuten kochen lassen. Den Knoblauch und die

scharfe Paprika um die Stücke streuen. Den Wein hinzufügen und 1 Minute kochen lassen.

3. Tomaten, Basilikum und Salz hinzufügen. Zum Kochen bringen. Unter gelegentlichem Rühren kochen, bis die Tomaten eingedickt sind, etwa 25 Minuten. Fügen Sie die Hummerschwänze hinzu und kochen Sie weitere 5 bis 10 Minuten oder bis das Schwanzfleisch fest und undurchsichtig ist. Sofort servieren.

Gebackener gefüllter Hummer

Aragoste Amollicate

Ergibt 4 Portionen

In Italien und ganz Europa ist die typische Hummersorte der Langusten oder Langusten, dem die großen fleischigen Scheren nordamerikanischer Hummer fehlen. Ihr Geschmack ist jedoch sehr gut und sie werden hier oft als gefrorene Hummerschwänze verkauft. Wenn Sie sich nicht mit lebenden Hummern herumschlagen möchten, können Sie dieses Rezept mit gefrorenen Schwänzen zubereiten, indem Sie die Menge an Semmelbröseln etwas reduzieren und sie ohne Auftauen kochen, bis sie in der Mitte undurchsichtig sind. Dieses Rezept ist typisch für Sardinien, wird aber in ganz Süditalien gegessen.

4 lebende Hummer (je etwa 1 1/4 Pfund)

1 Tasse trockene Semmelbrösel

2 Esslöffel gehackte frische glatte Petersilie

1 Knoblauchzehe, fein gehackt

Salz und frisch gemahlener schwarzer Pfeffer

Olivenöl

1 Zitrone, in Spalten geschnitten

1. Legen Sie einen der Hummer mit der Mulde nach oben auf ein Schneidebrett. Entfernen Sie nicht die Bänder, die die Krallen schließen. Schützen Sie Ihre Hand mit einem schweren Handtuch oder Topflappen und halten Sie den Hummer über den Schwanz. Stechen Sie mit der Spitze eines schweren Kochmessers dort in den Körper, wo der Schwanz auf die Brust trifft. Schneiden Sie den Schwanz vollständig durch und trennen Sie ihn vom Rest des Körpers. Entfernen Sie mit einer Geflügelschere die dünne weiße Schale, die die Unterseite des Schwanzes bedeckt, und legen Sie das Fleisch frei. Ziehen Sie die dunkle Ader im Schwanz heraus und entfernen Sie sie, lassen Sie jedoch das grüne Tomalley und die rote Koralle übrig, falls vorhanden.

2. Stellen Sie einen Rost in die Mitte des Ofens. Heizen Sie den Ofen auf 450 °F vor. 1 oder 2 große Bratpfannen einölen. Ordnen Sie die Hummer auf dem Rücken in den Backformen an.

3. In einer mittelgroßen Schüssel Semmelbrösel, Petersilie, Knoblauch sowie Salz und Pfeffer nach Geschmack verrühren. Fügen Sie 3 Esslöffel Öl hinzu oder gerade genug, um die Krümel zu befeuchten. Streuen Sie die Mischung über die Hummer in der Pfanne. Mit etwas mehr Öl beträufeln.

4. Backen Sie die Hummer 12 bis 15 Minuten lang oder bis das Schwanzfleisch beim Schneiden an der dicksten Stelle gerade noch undurchsichtig aussieht und sich beim Drücken fest anfühlt.

5. Sofort mit den Zitronenspalten servieren.

Jakobsmuscheln mit Knoblauch und Petersilie

Capesante Aglio e Olio

Ergibt 4 Portionen

Süße frische Jakobsmuscheln sind schnell zubereitet und eignen sich perfekt für eine Mahlzeit unter der Woche. Dieses Rezept stammt aus Grado an der Adriaküste. Ich verwende gerne große Jakobsmuscheln, aber kleinere Jakobsmuscheln können auch ersetzt werden.

1/4 Tasse Olivenöl

2 Knoblauchzehen, fein gehackt

2 Esslöffel gehackte frische glatte Petersilie

1 Pfund große Jakobsmuscheln, abgespült und trocken getupft

Salz und frisch gemahlener schwarzer Pfeffer

1 Zitrone, in Spalten geschnitten

1. Gießen Sie das Öl in eine große Pfanne. Knoblauch, Petersilie und Peperoni dazugeben und bei mittlerer Hitze etwa 2 Minuten lang leicht goldbraun braten.

2. Die Jakobsmuscheln sowie Salz und Pfeffer nach Geschmack hinzufügen. Unter Rühren ca. 3 Minuten kochen, bis die

Jakobsmuscheln in der Mitte gerade noch undurchsichtig sind. Heiß mit Zitronenspalten servieren.

Gegrillte Jakobsmuscheln und Garnelen

Frutti di Mare alla Griglia

Ergibt 4 Portionen

Eine einfache Zitronensauce würzt gegrillte Garnelen und Jakobsmuscheln. Es können auch Stücke von festfleischigem Fisch wie Lachs oder Schwertfisch verwendet werden.

3/4 Pfund große Jakobsmuscheln, abgespült und trocken getupft

3/4 Pfund große Garnelen, geschält und entdarmt

Frische oder getrocknete Lorbeerblätter

1 mittelgroße rote Zwiebel, in 2,5 cm große Stücke geschnitten

1/4 Tasse Olivenöl

2 Esslöffel frischer Zitronensaft

1 Esslöffel gehackte frische glatte Petersilie

1/2 Teelöffel getrockneter Oregano, zerbröckelt

Salz und frisch gemahlener schwarzer Pfeffer

1. Stellen Sie einen Barbecue-Grill oder Grillrost etwa 5 Zoll von der Wärmequelle entfernt auf. Heizen Sie den Grill oder Grill vor.

2. Jakobsmuscheln und Garnelen abwechselnd mit Lorbeerblättern und Zwiebelstücken auf 8 Holz- oder Metallspieße stecken.

3. In einer kleinen Schüssel Öl, Zitronensaft, Petersilie, Oregano sowie Salz und Pfeffer nach Geschmack verrühren. Etwa zwei Drittel der Saucenmischung in eine separate Schüssel geben. Reservieren. Die Schalentiere mit dem restlichen Drittel der Soße bestreichen.

4. Grillen oder grillen, bis die Garnelen rosa und die Jakobsmuscheln auf einer Seite leicht gebräunt sind, etwa 3 bis 4 Minuten. Drehen Sie die Spieße um und kochen Sie sie noch etwa 3 bis 4 Minuten lang, bis die Garnelen rosa und die Jakobsmuscheln auf der anderen Seite leicht gebräunt sind. Das Garnelen- und Jakobsmuschelfleisch ist in der Mitte gerade noch undurchsichtig. Auf einen Teller geben und mit der restlichen Soße beträufeln.

Muscheln und Miesmuscheln Posillipo

Vongole und Cozze in Salsa Piccante

Ergibt 4 Portionen

Posillipo ist der Name einer Landspitze am Golf von Neapel. Es erinnert auch viele Italo-Amerikaner an dieses Gericht aus frischen Venusmuscheln und Miesmuscheln in einer würzigen Tomatensauce. Das Rezept wurde vermutlich von einem heimwehkranken Gastronomen in den USA benannt und scheint aus der Mode gekommen zu sein, obwohl es so gut ist, dass es ein Comeback verdient.

Servieren Sie diese in tiefen Schüsseln über gerösteten Brotscheiben oder Freselle – harte Kekse mit schwarzem Pfeffer, die auf italienischen Märkten erhältlich sind.

3 Dutzend kleine Hartschalenmuscheln

2 Pfund Muscheln

1/3 Tasse Olivenöl

1 Esslöffel fein gehackter Knoblauch

Prise zerstoßener roter Pfeffer

1/2 Tasse trockener Weißwein

1 (28 Unzen) Dose geschälte Tomaten, abgetropft und gehackt

1 Teelöffel getrockneter Oregano, zerbröckelt

Salz und frisch gemahlener schwarzer Pfeffer

1/4 Tasse gehackte frische glatte Petersilie

Italienische Brotscheiben, getoastet oder Freselle

1. Die Muscheln und Miesmuscheln 30 Minuten in kaltem Wasser einweichen. Schrubben Sie die Muscheln mit einer harten Bürste unter fließendem kaltem Wasser. Schneiden oder ziehen Sie die Bärte von den Muscheln ab. Entsorgen Sie alle Muscheln oder Muscheln, deren Schale gesprungen ist oder die sich bei Berührung nicht fest schließen lassen.

2. Gießen Sie das Öl in einen großen, schweren Topf. Den Knoblauch und die scharfe Paprika hinzufügen. Bei mittlerer Hitze ca. 2 Minuten kochen, bis der Knoblauch leicht golden ist. Den Wein hinzufügen und noch 1 Minute kochen lassen. Tomaten unterrühren. Oregano und Salz und Pfeffer nach Geschmack. Zum Kochen bringen und 15 Minuten kochen lassen.

3. Die Muscheln und Miesmuscheln in den Topf geben und gut abdecken. Kochen, bis sich die Schalen öffnen, etwa 5 Minuten.

4. Legen Sie italienische Brotscheiben auf den Boden von 4 Nudelschüsseln. Die Muscheln und Miesmuscheln darauf verteilen. Mit gehackter Petersilie bestreuen und sofort servieren.

Gebackene gefüllte Muscheln

Vongole Arraganati

Ergibt 4 Portionen

Leckere kleine Muscheln, bestäubt mit knusprigen, gewürzten Semmelbröseln, sind in ganz Süditalien beliebt. Ich mache diese gerne mit kleinen bis mittelgroßen Muscheln. Wenn nur größere Muscheln verfügbar sind, zerkleinern Sie das Muschelfleisch, bevor Sie es mit der Krümelmischung belegen.

Diese können als Antipasti serviert werden, ich bereite aber oft eine ganze Mahlzeit daraus zu.

4 Dutzend kleine Hartschalenmuscheln

1/2 Tasse Wasser

1/2 Tasse einfache, trockene Semmelbrösel, vorzugsweise selbstgemacht

1/4 Tasse frisch geriebener Parmigiano-Reggiano oder Pecorino Romano

1/4 Tasse gehackte frische glatte Petersilie

1 Knoblauchzehe, fein gehackt

Salz und frisch gemahlener schwarzer Pfeffer

Etwa 1/3 Tasse natives Olivenöl extra

1 Zitrone, in Spalten geschnitten

1. Die Muscheln 30 Minuten in kaltem Wasser einweichen. Mit einer Bürste unter fließendem kaltem Wasser schrubben. Entsorgen Sie alle Produkte, deren Schale gesprungen ist oder die bei Berührung nicht fest schließen.

2. Legen Sie die Muscheln mit dem Wasser in einen großen Topf. Abdecken und zum Kochen bringen. Nach etwa 5 Minuten die sich öffnenden Muscheln herausnehmen und in eine Schüssel geben. Entsorgen Sie Muscheln, die sich nicht öffnen.

3. Den Muschelsaft in eine Schüssel geben. Nehmen Sie die Muscheln aus ihrer Schale und spülen Sie jede einzelne in der Flüssigkeit ab, um eventuellen Sand zu entfernen. Trennen Sie die Schalenhälften. Die Hälfte der Schalen auf ein großes Backblech legen. In jede Schale eine Muschel legen. Den Muschelsaft durch einen Papierkaffeefilter oder ein angefeuchtetes Käsetuch in eine Schüssel abseihen. Auf jede Muschel etwas Saft geben.

4. Heizen Sie den Grill vor. In einer mittelgroßen Schüssel Semmelbrösel, Käse, Petersilie, Knoblauch sowie Salz und Pfeffer nach Geschmack vermengen. Fügen Sie so viel Öl hinzu, dass die Krümel angefeuchtet sind. Geben Sie eine kleine Menge Krümel locker auf jede Muschel. Packen Sie die Krümel nicht ein.

5. 4 Minuten grillen oder bis die Krümel leicht gebräunt sind. Heiß mit Zitronenspalten servieren.

Muscheln mit schwarzem Pfeffer

Impepata di Cozze

Ergibt 4 bis 6 Portionen

Muscheln sind preiswert und weit verbreitet und eignen sich hervorragend für Nudeln, Suppen oder Eintöpfe. Das einzige Problem besteht darin, sie zu reinigen, da wilde Muscheln viel Aufmerksamkeit erfordern können. Eine Ausnahme bilden Zuchtmuscheln. Obwohl sie nicht so lecker sind wie wilde Muscheln, sind sie viel sauberer und es entsteht weniger Abfall durch beschädigte Muscheln. Dieses Rezept hat einen würzigen Geschmack durch Wein, Zitronensaft und ungewöhnlich viel schwarzen Pfeffer. Es ist ein klassisches Rezept aus Neapel.

6 Pfund Muscheln

1/2 Tasse Olivenöl

6 Knoblauchzehen, fein gehackt

1/2 Tasse gehackte frische glatte Petersilie

1 Esslöffel frisch gemahlener schwarzer Pfeffer

1 Tasse trockener Weißwein

1 Esslöffel frischer Zitronensaft

1. Die Muscheln 30 Minuten in kaltem Wasser einweichen. Schneiden oder ziehen Sie die Bärte ab. Entsorgen Sie alle Muscheln, deren Schale gesprungen ist oder die sich bei Berührung nicht fest schließen.

2. Gießen Sie das Öl in einen großen Topf. Den Knoblauch hinzufügen. Bei mittlerer Hitze ca. 1 Minute goldbraun braten. Petersilie und Pfeffer unterrühren. Muscheln, Wein und Zitronensaft in den Topf geben. Abdecken und unter gelegentlichem Schütteln der Pfanne kochen, bis sich die Muscheln zu öffnen beginnen, etwa 5 Minuten.

3. Die geöffneten Muscheln in Servierschüsseln füllen. Geschlossene Muscheln noch ein bis zwei Minuten garen. Entsorgen Sie alle, die sich nicht öffnen lassen. Die Kochflüssigkeit über die Muscheln gießen. Heiß servieren.

Muscheln mit Knoblauch und Weißwein

Cozze agli Aromi

Ergibt 4 Portionen

Anstatt sie mit Brot zu servieren, können diese Muscheln auch mit heißen, gekochten Spaghetti serviert werden. Die Muscheln können durch kleine Hartschalenmuscheln ersetzt werden.

4 Pfund Muscheln

1/4 Tasse Olivenöl

2 Knoblauchzehen, gehackt

2 Frühlingszwiebeln, gehackt

2 Zweige frischer Thymian

2 Esslöffel gehackte frische glatte Petersilie

1 Lorbeerblatt

1 Tasse trockener Weißwein

Italienische Brotscheiben, geröstet

1. Die Muscheln 30 Minuten in kaltem Wasser einweichen. Schneiden oder ziehen Sie die Bärte ab. Entsorgen Sie alle Muscheln, deren Schale gesprungen ist oder die sich bei Berührung nicht fest schließen.

2. Gießen Sie das Öl in einen großen Topf. Knoblauch, Frühlingszwiebeln, Thymian, Petersilie und Lorbeerblatt hinzufügen. Bei mittlerer Hitze etwa 2 Minuten kochen, bis die Zwiebeln weich sind.

3. Muscheln und Wein hinzufügen. Abdecken und kochen, dabei die Pfanne gelegentlich schütteln, etwa 5 Minuten oder bis sich die Muscheln zu öffnen beginnen.

4. Übertragen Sie die geöffneten Muscheln in einzelne Servierschüsseln. Geschlossene Muscheln noch ein bis zwei Minuten garen; Entsorgen Sie alle, die sich nicht öffnen lassen. Die Flüssigkeit noch 1 Minute köcheln lassen und über die Muscheln gießen. Heiß mit geröstetem Brot servieren.

Sardische Muscheln mit Safran

Cozze allo Zafferano

Ergibt 4 Portionen

Safran, ein Gewürz aus den Narben von Krokusblüten, verleiht diesen Muscheln einen exotischen Geschmack und eine schöne Farbe. Obwohl ein Großteil des weltweiten Safrans aus Spanien stammt, wird er auch in der italienischen Region Abruzzen angebaut. Kaufen Sie beim Kauf von Safran immer ganze Fäden, die ihr Aroma länger behalten. Achten Sie auf eine tiefrot-orange Farbe. Die dunklere Farbe ist ein Hinweis auf eine bessere Qualität.

1 Teelöffel Safranfäden

1 Tasse trockener Weißwein

4 Pfund Muscheln

1 mittelgroße Zwiebel, fein gehackt

1/3 Tasse Olivenöl

1 Tasse geschälte, entkernte und gehackte reife Tomaten

6 Basilikumblätter, in Stücke gerissen

2 Esslöffel gehackte frische glatte Petersilie

1. Den Safran 10 Minuten im Weißwein einweichen. In der Zwischenzeit die Muscheln 30 Minuten in kaltem Wasser einweichen. Schneiden oder ziehen Sie die Bärte ab. Entsorgen Sie alle Muscheln, deren Schale gesprungen ist oder die sich bei Berührung nicht fest schließen.

2. In einem großen Topf die Zwiebel im Öl bei mittlerer Hitze etwa 10 Minuten goldbraun braten. Safran, Wein und Tomaten hinzufügen und zum Kochen bringen. Basilikum und Petersilie unterrühren.

3. Die Muscheln hinzufügen und die Pfanne abdecken. Unter gelegentlichem Schütteln der Pfanne ca. 5 Minuten kochen lassen oder bis sich die Muscheln zu öffnen beginnen.

4. Übertragen Sie die geöffneten Muscheln in einzelne Servierschüsseln. Geschlossene Muscheln noch ein bis zwei Minuten garen; Entsorgen Sie alle, die sich nicht öffnen lassen. Die Flüssigkeit noch 1 Minute köcheln lassen und über die Muscheln gießen. Heiß servieren.

Kaninchen mit Tomaten

Coniglio alla Ciociara

Ergibt 4 Portionen

In der Region Ciociara außerhalb Roms, die für ihre köstliche Küche bekannt ist, wird Kaninchen in Tomatensauce und Weißwein geschmort.

1 Kaninchen (2 1/2 bis 3 Pfund), in 8 Stücke geschnitten

2 Esslöffel Olivenöl

2 Unzen Pancetta, in dicke Scheiben geschnitten und gehackt

2 Esslöffel gehackte frische glatte Petersilie

1 Knoblauchzehe, leicht zerdrückt

Salz und frisch gemahlener schwarzer Pfeffer

1 Tasse trockener Weißwein

2 Tassen geschälte, entkernte und gehackte Pflaumentomaten

1. Spülen Sie die Kaninchenstücke ab und tupfen Sie sie anschließend mit Papiertüchern trocken. Das Öl in einer großen Pfanne bei mittlerer Hitze erhitzen. Legen Sie das Kaninchen in die Pfanne und fügen Sie dann Pancetta, Petersilie und Knoblauch hinzu. Etwa 15 Minuten kochen, bis das Kaninchen von allen Seiten schön gebräunt ist. Mit Salz und Pfeffer bestreuen.

2. Den Knoblauch aus der Pfanne nehmen und wegwerfen. Den Wein einrühren und 1 Minute köcheln lassen.

3. Reduzieren Sie die Hitze auf niedrig. Die Tomaten einrühren und dann ca. 30 Minuten kochen, bis das Kaninchen weich ist und sich vom Knochen löst.

4. Das Kaninchen auf eine Servierplatte geben und heiß mit der Soße servieren.

Süß-sauer geschmortes Kaninchen

Coniglio in Agrodolce

Ergibt 4 Portionen

Die Sizilianer sind für ihre Naschkatzen bekannt, ein Erbe der mindestens zweihundert Jahre andauernden arabischen Herrschaft über die Insel. Rosinen, Zucker und Essig verleihen diesem Kaninchen einen leicht süß-sauren Geschmack.

1 Kaninchen (2 1/2 bis 3 Pfund), in 8 Stücke geschnitten

2 Esslöffel Olivenöl

2 Unzen dick geschnittener Pancetta, gehackt

1 mittelgroße Zwiebel, fein gehackt

Salz und frisch gemahlener schwarzer Pfeffer

1 Tasse trockener Weißwein

2 ganze Nelken

1 Lorbeerblatt

1 Tasse Rinder- oder Hühnerbrühe

1 Esslöffel Zucker

¼ Tasse Weißweinessig

2 Esslöffel Rosinen

2 Esslöffel Pinienkerne

2 Esslöffel gehackte frische glatte Petersilie

1. Spülen Sie die Kaninchenstücke ab und tupfen Sie sie anschließend mit Papiertüchern trocken. Öl und Pancetta in einer großen Pfanne bei mittlerer Hitze 5 Minuten lang erhitzen. Fügen Sie das Kaninchen hinzu und kochen Sie es auf einer Seite etwa 8 Minuten lang, bis es braun ist. Die Kaninchenstücke mit einer Zange wenden und die Zwiebel rundherum verteilen. Mit Salz und Pfeffer bestreuen.

2. Wein, Nelken und Lorbeerblatt hinzufügen. Bringen Sie die Flüssigkeit zum Kochen und kochen Sie sie etwa 2 Minuten lang, bis der größte Teil des Weins verdampft ist. Die Brühe hinzufügen und die Pfanne abdecken. Reduzieren Sie die Hitze auf eine niedrige Stufe und kochen Sie das Kaninchen 30 bis 45 Minuten lang, bis es zart ist.

3. Die Kaninchenstücke auf einen Teller geben. (Wenn noch viel Flüssigkeit übrig ist, kochen Sie es bei starker Hitze, bis es reduziert ist.) Zucker, Essig, Rosinen und Pinienkerne einrühren. Rühren Sie etwa 1 Minute lang, bis sich der Zucker aufgelöst hat.

4. Geben Sie das Kaninchen zurück in die Pfanne und kochen Sie es etwa 5 Minuten lang, indem Sie die Stücke in der Soße wenden, bis sie gut

bedeckt zu sein scheinen. Petersilie unterrühren und heiß mit dem Bratensaft servieren.

Gebratenes Kaninchen mit Kartoffeln

Coniglio Arrosto

Ergibt 4 Portionen

Bei meiner Freundin Dora Marzovilla zu Hause beginnt ein Sonntagsessen oder ein Essen zu besonderen Anlässen oft mit einer Auswahl an zartem, knusprigem gebratenem Gemüse wie Artischockenherzen oder Spargel, gefolgt von dampfenden Schüsseln mit hausgemachter Orecchiette oder Cavatelli, geworfen mit einem köstlichen Ragù aus winzigen Zutaten Fleischklößchen. Dora, die aus Rutigliano in Apulien stammt, ist eine wunderbare Köchin und dieses Kaninchengericht, das sie als Hauptgericht serviert, ist eine ihrer Spezialitäten.

1 Kaninchen (2 1/2 bis 3 Pfund), in 8 Stücke geschnitten

1/4 Tasse Olivenöl

1 mittelgroße Zwiebel, fein gehackt

2 Esslöffel gehackte frische glatte Petersilie

1/2 Tasse trocken mit Wein

Salz und frisch gemahlener schwarzer Pfeffer

4 mittelgroße Allzweckkartoffeln, geschält und in 2,5 cm große Spalten geschnitten

½ Tasse Wasser

½ Teelöffel Oregano

1. Die Kaninchenstücke abspülen und mit Papiertüchern trockentupfen. In einer großen Pfanne zwei Esslöffel Öl bei mittlerer Hitze erhitzen. Kaninchen, Zwiebel und Petersilie hinzufügen. Unter gelegentlichem Wenden die Stücke ca. 15 Minuten kochen lassen, bis sie leicht gebräunt sind. Den Wein hinzufügen und weitere 5 Minuten kochen lassen. Mit Salz und Pfeffer bestreuen.

2. Stellen Sie einen Rost in die Mitte des Ofens. Heizen Sie den Ofen auf 425 °F vor. Ölen Sie eine Bratpfanne ein, die groß genug ist, um alle Zutaten in einer einzigen Schicht aufzunehmen.

3. Die Kartoffeln in der Pfanne verteilen und mit den restlichen 2 EL Öl vermengen. Den Inhalt der Pfanne in die Pfanne geben und die Kaninchenstücke um die Kartoffeln legen. Fügen Sie das Wasser hinzu. Mit Oregano, Salz und Pfeffer bestreuen. Decken Sie die Pfanne mit Aluminiumfolie ab. 30 Minuten rösten. Den Deckel aufdecken und weitere 20 Minuten kochen, bis die Kartoffeln weich sind.

4. Auf eine Servierplatte geben. Heiß servieren.

www.ingramcontent.com/pod-product-compliance
Lightning Source LLC
Chambersburg PA
CBHW050148130526
44591CB00033B/1209